搞笑沒那麼簡單

# 小幽默大智慧

xxx 著

成長階梯：65

小幽默大智慧：搞笑沒那麼簡單！

編　　著　羅奕軒
出 版 者　大拓文化事業有限公司
執行編輯　廖美秀
美術編輯　羅詩萍

總 經 銷　永續圖書有限公司
劃撥帳號　18669219
地　　址　22103　新北市汐止區大同路三段一九四號九樓之一
TEL　(〇二)八六四七－三六六三
FAX　(〇二)八六四七－三六六〇
E-mail　yungjiuh@ms45.hinet.net
網　址　www.foreverbooks.com.tw

CVS代理　美璟文化有限公司
TEL　(〇二)二七二三－九九六八
FAX　(〇二)二七二三－九六六八

法律顧問　方圓法律事務所　涂成樞律師

出 版 日◇二〇一五年六月




國家圖書館出版品預行編目資料

小幽默大智慧：搞笑沒那麼簡單! / 羅奕軒編著. -- 初版. --
新北市：大拓文化, 民104.06
面；　公分. -- (成長階梯；65)
ISBN 978-986-411-007-0(平裝)
1.人生哲學
191.9　　104006753

Part 1

# 笑談心靈的平靜和幸福

## Part 2 笑談慾望誘惑和損失

## Part 3 笑談責任的擔當與代價

Part 4

## 笑談選擇取捨與困惑

## Part 5 笑談做人做事與規則——積極的做事

## Part 6 笑談優良的品質和習慣

## Part 7 笑談積極的心態與樂觀

## Part 8 笑談心胸的豁達與寬廣

笑談

# 心靈的平靜和幸福

## 「坐在鋼琴前行嗎？」

有一天，在某地的劇院裡舉辦魯賓斯坦獨奏音樂會。音樂會開始前，魯賓斯坦站在音樂廳的大廳裡，看著大批觀眾湧進來聽他的音樂演奏。

包廂的服務人員不知道他就是演奏家，還以為他是個買不到票的觀眾，就親切地提醒他說：「真對不起，先生，今天已沒有位置了。」

魯賓斯坦溫和地說：「那我坐在鋼琴前行嗎？」

**大智慧：**

真正有涵養的人絕對不會和那些比自己地位低的人計較，因為他們明白：「這些人更需要別人的尊重。」

## 避雷針與嬰兒

避雷針的發明者、美國物理學家富蘭克林，有一天他開放一般民眾參觀他的新發明。其中一個闊太太問：「它有什麼用途呢？」

富蘭克林回答道：「夫人，新生的嬰兒又有什麼用途呢？」

**大智慧：**

把眼光放遠一點，不要老是把眼睛盯在那些當時就能夠發揮作用或產生作用的東西。能量越大的東西，一開始看起來越是「無用」。

## 來不及考慮

愛迪生七十五歲時仍到實驗室上班。有個記者問他：「愛迪生先生，你打算什麼時候退休呢？」

愛迪生裝出一副十分為難的樣子，說：「糟糕，這個問題我活到現在都還沒來得及考慮呢！」

**大智慧：**

有的人活著，每天都在思考著各種大問題，吃、穿、住、行等問題從來就沒有排入他們的思考行列。

可以說，對個人問題和物質問題投入精力越少的人，越是純粹的人，因為他們距離原始動物越來越遠。

## 陪同

一九六二年，甘乃迪一家訪問法國。賈桂琳．甘乃迪夫人能說一口流利的法語，法國人民和戴高樂總統對她頗有好感。

在巴黎的最後一天，甘乃迪在夏樂宮召開的記者招待會上，對記者們說：「我覺得向在座的各位做一下自我介紹並無不當之處。本人是陪同賈桂琳．甘乃迪到巴黎來的男士，為此，我感到很榮幸。」

**大智慧：**

你是否也曾因為失去了風光的機會而大感不悅？你是否也曾因為被自己的妻子搶盡了風頭而不是滋味呢？看看總統甘乃迪吧！老子說：「不以為大，而終能成其大。」甘乃迪的大度和幽默最終成就了自身永久的魅力。

## 最大的樂事

英國天文學家約翰．傑爾舍利臨終的時候，神父坐在他的床頭，喃喃自語不停地對他大談其天國之樂。「對我來說，人生最大的賞心樂事，」傑爾舍利打斷了神父的話，

「莫過於能看到月球的背面了。」

**大智慧：**

燕雀焉知鴻鵠之志！對一個把終生都獻給偉大事業而洞察生死的人，除了仰視，你還能做些什麼？

## 我就沒說話

一座古廟住著三個和尚，一老兩小。

一天，三個和尚坐著念經。按佛門規定：念經要閉目，只許默念經文，不許說話，以示虔誠。有個和尚實在悶得受不了，便偷偷睜開眼睛。

突然看到天氣變陰暗了，便不由自主地說：「噢，要下雨了！」另一個小和尚推他一把：「不許說話。」這時，老和尚哈哈大笑，得意地說「還是你們的道行淺呀！看，我就沒說話。」

**大智慧：**

托爾斯泰說：「幸福的家庭總是相似的，而不幸家庭的不幸卻各有不同。」想來最高的境界應該只有一種吧！所以就難怪有如此之多的無境界之境界。

# 學習的動力

被稱為「幾何學之父」的古希臘數學家歐吉里德，對他所教導的學生們總是不厭其煩循循善誘的指導；然而，當孩子對學習不認真時，他也會用辛辣諷刺的話語來鞭撻他們。一天，歐吉里德在課堂上給學生講解幾何第一定理，講著講著，他發現一個學生在底下坐不住，一會兒和旁邊的學生說說話，一會兒又在桌下做小動作。

歐吉里德故意停頓了一下，用目光示意這位學生注意聽講，沒想到這位學生卻突然站了起來，問道：「請問先生，學幾何學究竟有什麼實際用處？」歐吉里德聽罷，沈默了一會，轉身吩咐一旁的助理：「拿一點兒錢來給這位學生，看來，沒有錢他是不肯學習的。」

**大智慧：**

真正的學習和研究是沒有功利的。只有在再沒有任何功利的心態下，才能享受到學習的樂趣，學到真正的東西，也只有享受到學習的樂趣，才會有學習的持久動力。

# 園丁的故事

有一個美國女子到巴黎旅遊觀光。有一天她看到有位老先生在一幢別墅花園裡澆水，那努力認真的神態，使這位美國人很有好感。她想，法國人真是頭等的園丁，在美國百里也難挑一，現在既然邂逅，為什麼不帶一個回國去呢？於是她就走到那位老先生前面，問他願不願意赴美國去做她的園丁，她可以給他很高的工資，還可以負擔他的旅費。又把美國瞎吹了一番，彷彿那兒遍地是黃金，外國人去了都可以發財。

「夫人」，老先生回答說：「真是不巧，我還有另外一個職務在身，一時離不開巴黎。」

「你統統辭掉吧！我會給你補償的。你除了園丁，還兼什麼副業？是養雞嗎？」

「不是，」老先生說：「我希望他們下次不要再選我，我就可以接受你給的差事。」

「選你做什麼呀？」

「選我做總統。」

「你是……」

「我就是法國總統。」

**大智慧：**

境界最高的人是那些既能出世，又能入世，境界向上，眼睛向下的人。這些人可以在繁瑣的事務中遊刃有餘，但永遠不會被繁瑣的事務所羈絆。

## 終生只能單身

德國傑出的自然學家亞歷山大．洪堡德在喀山拜訪俄國非歐幾何學的創建者羅巴切夫斯基時，他問數學家：「為什麼您只研究數學呢？據說您對礦物學的造詣也很深，對植物學也很精通。」

「是的，我很喜歡植物學，」羅巴切夫斯基回答說：「將來等我結了婚，我一定建一個溫室……」

「那您就趕快結婚吧。」

「可是恰恰與願望相反，植物學和礦物學的業餘愛好，使我終生只能是單身漢了。」

**大智慧：**

兒女情長，英雄氣短。

## 萬用回函

弗蘭西斯．克里克，是英國著名的生物學家。他成名後，每天都有大量的人來訪和來信，使他應接不暇，無法工作。後來，他終於想出了一個方法，設計印製了一種「萬用回函」，內容寫著：「我克里克博士對來函表示感謝，但十分遺憾，我不能應您的盛情邀請而給您簽名；赴宴作講演；參加會議；贈送相片；充當證人；擔任主席；為您治病；為您的事業效勞；充當編輯；接受採訪；閱讀您的文稿；寫一本書；參與廣播談話；作一次報告；接受名譽地位；在電視中露面……」對方的來信提出什麼要求，他就在相應的地方做記號答覆。很快，他就從難於應付的困境中解放出來了。

**大智慧：**

一個獻身於某一事業的人，對隨之而來的名利金錢根本毫無興趣。

## 人與箱

蘇聯著名兒童文學作家蓋達爾提著一個破舊的皮箱旅行時，有個小學生認出是他，搶著替他提皮箱。

學生說：「先生是『大名鼎鼎』的人，為什麼用的卻是『隨隨便便』的皮箱？」

蓋達爾說：「這樣難道不好嗎？如果皮箱是『大名鼎鼎』的，我卻是『隨隨便便』的，那豈不更糟？」

**大智慧：**

淡泊物慾，保持簡樸是智者的生活方式，也是他們獲得快樂的原因。

## 職業

「您為什麼選擇了這樣一個危險的職業呢？」有人問獵捕大象者。

「是很遺憾，」獵人回答：「說來話長，那時正年輕，來到非洲想研究蝴蝶。但到野外的第一天，就把眼鏡給弄丟了……」

**大智慧：**

職業和事業是不一樣的。不同的眼光使每個人所選擇的職業也有所不同：有的人把職業當成事業，有的人把職業當成了職業。

先生是大名鼎鼎的人，為甚麼用的是隨隨便便的皮箱呢？

這樣難道不好嗎？如果皮箱是大名鼎鼎的，我卻是隨隨便便的，那豈不是更糟？

## 重大損失

前幾天，帶著兒子回老家，兒子在他爺爺家發現了許多壹圓硬幣，在我們家這種錢早已被我「化零為整」了，所以兒子見了壹圓硬幣感覺很新鮮。我對兒子說：「你喜歡就拿幾個吧！」兒子拿了三個，我對兒子說：「好好保存著，等你當了爺爺，這三塊錢說不定就值三千元了呢！」

回來的路上，兒子在車上好像突然想起了什麼，一個勁兒摸口袋，然後一聲驚呼：「爸爸，我的那三千元不見了！」接著，滿車的人都用詫異的眼光望著我兒子。

**大智慧：**

當我們真正遺失了一件東西的時候，我們總是把它定價為它將來可能的最大的價值，以此來讓自己更痛心。其實，遺失掉的也許在若干年後仍分文不值。

## 如此湊巧

有位父親每天晚飯後總習慣坐在沙發上看報紙，四歲的小鈴很迷惑地問：「爸爸，好奇怪，為什麼每天發生的新聞都剛好填滿一張報紙呢？」

**大智慧：**

我們的心靈不也是一張白紙嗎？面對多如牛毛的資訊和紛擾，是不是也應該有所選擇，淨化心靈——因為簡單就是寧靜！

## 還活著

繈褓中睡熟的小寶寶，有時靜得出奇，我就趕緊用手去摸摸看是否仍有呼吸，先生因此笑我「神經質」。

夜裡睡覺時，先生鼾聲大作，使我無法入睡，生起氣來，只好擰他一把。

「唉喲！」只聽他笑道：「打鼾有啥不好？讓你知道我還活著啊！」

**大智慧：**

生活中充滿了各種壓力，但是，如果我們把心靈也推向了緊張和敏感的頂點——是不是活得太累，甚至讓神經過於緊繃了呢？放輕鬆一點吧！

## 糊塗教授

「教授，聽說尊夫人生了一對雙胞胎。是男的，還是女的？」

「讓我想想看。好像一個是女的，另一個是男的。不過又好像是正好相反。」

**大智慧：**

鄭板橋先生云：「難得糊塗。」這是一種化繁為簡的智慧和境界。但是反過來，化簡為繁——或許我們只能無奈的糊塗一笑了吧？

## 小和尚掃樹葉

有個小和尚，每天早上負責清掃寺廟院子裡的落葉。清晨起床掃落葉實在是一件苦差事，尤其在秋冬之際，每一次起風時，樹葉總隨風飛舞落下。

每天早上都需要花費許多時間才能清掃完樹葉，這讓小和尚頭痛不已。他一直想要找個好辦法讓自己輕鬆些。

後來有個和尚跟他說：「你在明天打掃之前先用力搖樹，把落葉統統搖下來，後天就可以不用掃落葉了。」

小和尚覺得這是個好辦法，於是隔天他起了個大早，使勁的猛搖樹，這樣他就可以把今天跟明天的落葉一次掃乾淨了。一整天小和尚都非常開心。

第二天，小和尚到院子一看，他不禁傻眼了。院子裡如同往日一樣還是落葉滿地。

老和尚走了過來，對小和尚說：「傻孩子，無論你今天怎麼用力，明天的落葉還是會飄下來。」

小和尚終於明白了，世上有很多事是無法提前的，唯有認真的活在當下，才是最真實的人生態度。

**大智慧：**

許多人喜歡預支明天的煩惱，想要早一步解決掉明天的煩惱。明天如果有煩惱，你今天是無法解決的，每一天都有每一天的人生功課要交，努力做好今天的功課再說吧！

## 人生的幸福

有一天，羅素的一位年輕朋友來看他。走進門後，只見羅素正雙眼注視著屋外的花園，陷入了沈思。

這位朋友問他：「您在思索著什麼？」

「每當我和一位大科學家談話，我就認定自己此生的目標已經沒有希望。但每當我和我的園丁談天，我就深信人生充滿了陽光。」

**大智慧：**

人生的指標是因效仿的對象而對比出來的。比上不足，比下有餘，與不同的人相比會得到不同的感受，有的時候可以往下比一下找找安慰和自信。

## 都想當議員

有一位眾議院的議員為了競選連任，對他選區的選民發表競選政見演說。他說：「為了美國人民的幸福生活，我還要努力奮鬥。要知道，現在議員不比以前好當了，實在難為啊……」

一位選民插話說：「現在的議員是不好當，可是又有誰不想當議員呢？」

**大智慧：**

權力、金錢、勢力、地位——這些現實的誘惑總是讓人們趨之若鶩，又能說誰貪婪呢？人之本性，概莫能外！

## 難以入睡

有位先生把汽車停靠在路邊，以便打個盹。當他躺在座椅上時，有人敲打窗戶問時間，他看看錶說：「快八點了。」他剛入睡，敲窗聲又響了起來：「先生，您知道現在是幾點嗎？」他只得再次看錶，告訴他：「八點半了。」敲窗的人太多，他根本無法睡好，於是寫了張小字條貼在車窗上：「我不知道時間。」實在太睏了，這位先生再次躺下。但幾分鐘後，一位過路的人又敲起了窗戶：「喂，先生，現在已經是九點了。」

**大智慧：**

越是我們不希望的結果，越是容易發生。也許別人帶給你的麻煩正是出自他對你的關心而已。既無惡意，又何必放在心裡。

## 後到先買

一位婦女到市中心的百貨公司買靴子。她看了顏色挑式樣，挑了式樣又比光澤，挑挑揀揀，最後終於下定心：「小姐，請把我最先看過的那雙靴子拿給我。」

「是哪一雙？是不是紅的那雙？」

「比紅的那雙看得更早！」

「黃的那雙？」

「不，還要早！」

「哦，你要的是褐色繡花有卯釘的那雙？」見婦人點了點頭，售貨小姐抱歉地說：「它早在兩小時前就被比您後到的一位女孩子買走了。」

**大智慧：**

雖然撿石頭的故事我們耳熟能詳，但能做到選擇正確，不為誘惑所動的人實在太少。主要原因在於一個「貪」字。

## 悄悄地收了「參觀費」

愛迪生有幢避暑的別墅，他為此而感到非常自豪，喜歡陪同參訪者到這裡參觀，向他們介紹室內各式各樣的節省勞力的設備。其中有一個地方，參訪者必須經過一個繞杆才能走過去，而轉動繞杆要費很大力氣。

一位客人問愛迪生，為什麼周圍都是些新的發明，而這裡卻擺了個這麼笨重的繞杆。愛迪生回答說：「喔，你瞧，每個把繞杆轉動過來的人都幫我屋頂上的水塔裡抽入了八加侖的水。」

**大智慧：**

千萬不要把你的動機表現得太明顯，你越想要的東西越容易失去，還不如保持一顆平常心，你會在歡聲笑語中達到自己的目的。「執者失之，為者敗之」，古人已告訴我們的正是這個道理。

## 會吠的狗不咬人

有一天，一位法國人拜訪他的英國朋友。當他來到朋友家門口時，一隻狗跑了出來向他狂吠。

那位法國人被嚇壞了。這時，他的英國朋友走出來迎接他。

「哦，別害怕，」他說：「難道你不知道『會吠的狗不咬人』，這句諺語嗎？」。

「啊，是的，」他趕忙回答說：「我們倆都知道那句諺語，可是……那隻狗……牠也知道那句諺語嗎？」

**大智慧：**

對於外在條件的過分苛求對你毫無益處，它只能成為你原地踏步的絆腳石。

# 本性難改

「親愛的，我非常愛你，」丈夫對妻子說：「但是你不要再對每件事都挑毛病好嗎？這使我都快發瘋了。哎！我敢打賭，你無法停止一分鐘不挑毛病。」

「好吧！咱們現在開始賭。」妻子說道。

一會兒，她脫口而出：「這房子裡熱得像蒸籠一樣。你為什麼總是不把冷氣調冷一點呢？」

「哈！我就知道你無法停止一分鐘不挑毛病。」丈夫不禁喊出聲來。

「就算是這樣，」妻子承認說：「那持續了多長時間？」

「三秒鐘。」

「三秒鐘，哪有可能！」妻子對丈夫吼道：「難道我沒有告訴過你不要買國外進口的錶？那些錶根本不準。」

**大智慧：**

愛情並不是婚姻的保障，對於生活在一起的兩個人來說，彼此的寬容才是穩固婚姻的最重要元素。

## 離婚的原因

「妳為什麼要求離婚？」法官問道。

「因為我的丈夫又浪漫又多情。」原告說。

「許多女性都渴望能有這樣一位丈夫。」

「她們是的。」這位婦女反譏道：「這就是我為什麼要離婚的原因。」

**大智慧：**

每個人都在尋找自己完美的愛情和婚姻。其實，很多人都知道，並不是好的就是適合的，而是適合的才是好的。不屬於自己的東西，強行得到了也守不住。因此，我們需要問自己的是，到底自己要的是什麼，明白了自己的需求，才可能幸福。

## 幸福是一種感覺

一個遲暮之年的富翁，在冬日的暖陽中到海邊散步時看到一個漁夫在曬太陽，就問道：「你為什麼不捕魚呢？」

「捕魚幹什麼？」漁夫反問。

「賺錢買大漁船呀！」
「買大漁船幹什麼？」
「捕更多魚，你就會成為富翁了。」
「成了富翁又怎麼樣？」
「你就不用捕魚了，可以幸福自在的曬太陽了。」
「我不正在曬太陽嗎！」

**大智慧：**
幸福是一種感覺，你感覺到了，便是擁有。

## 踢貓終結者！

一位經理早上出門之前和他的太太吵了一架，心情非常鬱悶。到了辦公室，他就把課長叫過來，對他發了一頓脾氣。課長莫名其妙地被經理罵了一頓，心裡很不痛快，於是就把櫃臺小姐臭罵了一頓。櫃臺小姐當然想找個人發洩一下情緒，回到家之後，看到他兒子在家裡面玩，於是她就罵兒子是個壞小孩，把屋子搞得亂七八糟、髒亂不堪。

剛好家裡的小貓跑了過來，兒子便狠狠地踢了牠一腳。

當然小貓被踢以後，再也找不到東西發洩了。

**大智慧：**

假如你要過得幸福快樂，就要做個踢貓終結者。

因此，要學會控制自己的情緒，並且大聲的告訴自己：「我是快樂的」然後要把快樂感染給別人，而不是把不快傳染給別人！

## 幸好不是

有一次我跟著一個卡車司機跑長途。

途經一個小村莊時，有一位中年農婦突然跑著橫越馬路，大卡車來了個急刹車，差點撞著農婦的屁股。

農婦火冒三丈，對司機沒完沒了地臭罵一頓。

司機不還嘴，點燃一支煙，慢慢地吸著，聽農婦從「村罵」上升到「國罵」。一支煙吸完，農婦還罵，司機火了：「如果我剛才刹車晚了，撞死你了，這會兒你還能罵嗎？」

**大智慧：**

生活，是很需要一些開朗和豁達的。我們應該像契訶夫所說的那樣：「要是你的手指扎到一根刺，那你應當高興：還好，多虧這根刺不是扎在眼睛裡」這樣，當我們遇上一些麻煩時，也就不至於愁容滿面了。

## 另一個兒子

杜魯門當選美國總統以後，有記者到其家鄉採訪杜魯門的母親。記者首先稱讚道：「有哈里這樣的兒子，您一定感到十分自豪。」

「是這樣。」杜魯門的母親贊同道：「不過，我還有一個兒子，也同樣使我感到自豪。」

「他是做什麼的呢？」記者問。

「他正在田裡種花生。」

**大智慧：**

認真地做事，快樂地生活，不論你的成就高低，都足以驕傲一生。

## 不釣大魚的釣客

有一個人在河邊釣魚，他釣了非常多的魚，但每釣上一條魚就拿尺量一量。只要比尺大的魚，他都丟回河裡。

其他釣客不解地問：「別人都希望釣到大魚，為什麼只有你將大魚都丟回河裡呢？」

這人輕鬆地回答：「因為我家的鍋子只有尺這麼長，太大的魚裝不下。」

**大智慧：**

「夠用就好」也是不錯的生活態度。

## 何為天堂　天堂何在

一個人歷盡艱難去尋找天堂，終於找到了。

當他欣喜若狂地站在天堂門口歡呼「我來到天堂了」時，看守天堂大門的人詫然問道：「這裡就是天堂？」

歡呼者頓時傻了：「你難道不知道這兒就是天堂？」

守門人茫然搖頭：「你從哪裡來？」

「地獄。」

守門人仍是茫然。歡呼者既感慨又嘆息的說：「怪不得你不知天堂何在，原來你沒去過地獄」

**大智慧：**

你若渴了，水便是天堂；你若累了，床便是天堂；你若失敗了，成功便是天堂；你若是痛苦了，幸福便是天堂——總之，若沒有其中一樣，你斷然是不會擁有另一樣的。當今社會，有人為丟了一雙鞋而懊惱，走到街上，發現有人少了兩條腿。想想那些「弱勢族群」，你現在不是就在天堂嗎？

## 快樂的人沒有鞋子

國王整日鬱鬱寡歡，大臣請大夫診治。大夫說：「國王如果能穿上一個快樂的人的鞋子，他的病就好了。」大臣四處尋找快樂的人。

有一天，當大臣走進一個貧窮的村落時，突然聽到一個快樂的人在大聲歌唱。尋著歌聲，他找到了那個正在田裡犁地的農夫。

大臣問農夫：「你快樂嗎？」
「我沒有一天不快樂的！」農夫回答。
大臣喜出望外地把自己的使命和意圖告訴了農夫。
農夫不禁大笑起來。原來，他連一雙鞋子都沒有。
**大智慧：**
快樂是什麼？快樂就是珍惜你已擁有的一切。對於快樂的人來說，擁有就是快樂。

## 怨氣難消

法官望著被告說：「我是不是曾經見過你，你好像有些眼熟。」
被告滿懷希望地說：「是的！法官，您忘啦？二十一年前，是我介紹尊夫人跟您認識的。」
法官咬牙切齒地說：「判你二十年有期徒刑。」
**大智慧：**
一味地牢記仇恨是不是心胸太狹隘了呢？為什麼不敞開心胸，讓愛的微風吹進心懷，相信一定會豁然開朗！

# 蘋果和屁股

女教師在黑板上畫了一個蘋果，然後問：「孩子們，這是什麼呀？」

孩子們異口同聲地回答：「屁股！」

女教師哭著跑出教室，找校長告狀：「孩子們嘲笑人。」

校長走進教室，表情嚴肅地說：「你們怎麼把老師氣哭了？啊！還在黑板上畫了一個屁股！」

**大智慧：**

我們總認為老天爺的安排不公平，且受到傷害的總是自己——可是，有沒有想過，根本就是我們不懂遊戲的規則呢？

孩子們，這是什麼呀？
屁股！
校長！孩子們嘲笑人。
真的嗎？
校長
你們怎麼把老師氣哭了？啊！還在黑板上畫了一個屁股！

# 搞笑沒那麼簡單

你沒有試著
數羊嗎?

你起碼也該
先去買一張
彩券吧!

奇怪!我太太和
情婦也在裡面!

哈

那我坐
琴前行

您應該先
秤秤您兒
子...

那您就趕快結
婚吧!

知道~老板說會給
兩百萬和一件貂皮
大衣

你知道做偽證會得
什麼結果嗎

如果我能生一張您那樣
的臉蛋的話我準能拿到

# 笑談

# 慾望誘惑
# 和
# 損失

## 音樂和感冒

俄國作家赫爾岑在一次宴會上，被快節奏的音樂吵到覺得非常厭煩，便用手捂住耳朵。

主人解釋說：「對不起，所有的演奏都是流行樂曲。」

赫爾岑反問道：「流行的樂曲就一定高尚嗎？」

主人聽了很吃驚：「不高尚的東西怎麼能流行呢？」

赫爾岑笑了：「那麼，流行性感冒是不是也是高尚！」說罷，頭也不回地走了。

**大智慧：**

只要能滿足慾望的東西都能流行，而人的慾望有好有壞，所以，追逐流行的人未必就能得到好的東西。

## 你也如此

裁判官：「你常常到法院裡來，不覺得難為情嗎？」

罪犯：「你不也一樣天天在這裡啊！」

**大智慧：**

有些人最終還是誤入歧途，也許是因為他的心態使然。一次的滿不在乎，二次的滿不在乎……到最後等待他的將是鋃鐺大獄。

## 幸運之星

「我的丈夫真是個幸運之星，昨天他剛買了人身意外險；今天一早外出頭上便不知怎麼的就挨了一磚頭。」

**大智慧：**

有些人常常是被眼前的微利沖昏了頭，所以人才忘卻了那些原本最該珍惜的：包括生命以及榮譽。

## 後悔

「在我的從醫生涯中，我只犯過一次錯誤。」

「什麼錯誤呢？」

「在我的一個出院的病人回診時，我才知道他原來是個百萬富翁，看病時我怎麼就沒看出來呢！」

**大智慧：**

為什麼人不是慶倖自己少被慾望征服一次，而是相反呢？

## 審醉鬼

綽號叫「鐵公雞」與「玻璃貓」的兩個男子，喝酒喝得爛醉如泥，被警察連拖帶拉地送進了偵訊室。

「另外那個人在哪兒？」威嚴的法官問。

「長官，我們不懂您的意思，您問哪個人？」

「就是請你們喝酒的那個人。」

**大智慧：**

犯糊塗的人哪能問罪於別人，他們開始可是清醒著的呢！

## 想入非非

「我在想，如果我有許多錢，我就可以買一架飛機了。」

「可是您買飛機做什麼呢？」

「沒什麼，我只是想要擁有買飛機的錢。」

**大智慧：**

人們總是不停地渴望，卻不曾想過自己是否真的需要這麼多。

## 狼和羊

動物園園長陪同一個重量級的旅遊者參觀。旅遊者看見在一個大鐵籠裡，住著一隻狼和一隻羊，兩者竟相安無事地在一起。

「真奇怪！」旅遊者驚叫，「狼和羊怎麼能同住在一起？這種事我還真是從未見過。你們是怎麼馴養的？」

「這很簡單，」園長回答：「我們一天只要放三隻羊在籠子裡。」

**大智慧：**

其實貪戀也是有一定限度的，畢竟消化所得也需要一個過程。

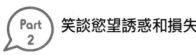

## 延長時間

經過仔細的檢查，醫生告訴病人，他只能再活六個月；病人聽後對醫生說：「這麼短的時間，分期付給您的醫療費，怎麼能還完呢？」

「那好吧！」醫生回答：「再延長六個月的時間，你總能清帳了吧！」

**大智慧：**

可悲的是，有時即使是一件神聖的事情，人們也是在利益的誘惑下才會全力以赴的。

## 狗和倒影

有一隻狗銜著一塊肉，經過河上的一座小橋，這時牠朝下看見了自己的倒影。牠見那隻狗居然也銜著塊肉，而且比自己的那塊大得多，十分誘人。於是牠丟下自己的肉，向水中猛撲過去，想要奪那大塊的肉。

結果兩塊肉都丟了，水中的倒影消失不見，原來的那塊肉也被河水沖得無影無蹤了。

**大智慧：**

貪慾膨脹時產生的種種幻想，常常蒙蔽了最初真實的心理。

## 狐狸吃葡萄

有一隻狐狸，看圍牆裡種了一棵葡萄樹，枝上結滿了誘人的葡萄。狐狸饞涎欲滴，牠四處尋找入口，終於發現了一個小洞，可是洞太小了，牠的身體無法進入。於是，牠在圍牆外絕食六天，餓瘦了自己，終於穿過小洞，幸福地吃著葡萄。可是後來牠發現吃得飽飽的身體，根本無法鑽到圍牆外，於是，又絕食六天，再次餓瘦了身體。

結果，回到圍牆外的狐狸仍舊是原來那隻狐狸。

**大智慧：**

在誘惑面前要懂得拒絕。

## 近視

一個有高度近視眼的人，看見高高的杆子上掛著一塊牌子。他仔細看了半天也無法看清處上面寫的是什麼內容，於是索性爬了上去，一直爬到一個窗臺上，靠近牌子，仔細一瞧，原來上面寫的是：

「小心煙囪！」

**大智慧：**

不要隨便就滿足自己盲目的好奇心，當你看清楚那其實是一個陷阱的時候，很可能已經太晚了。

## 屢試不爽

有一個婦人在首飾店裡看到兩隻一模一樣的手環。一個標價五百五十元，另一個卻只標價二百五十元。她大為心喜，立刻買下標價二百五十元的手環，得意洋洋的走出店門。臨出去前，聽到裡面的店員悄悄對另一個店員說：「看吧，這一招屢試不爽。」

**大智慧：**

利誘，可以輕而易舉的使許多人顯露出貪婪的本性，然而那常常是吃虧受騙的開始。

## 欠債

乞丐：「能不能給我一百塊錢？」

路人：「我只有八十塊錢。」

乞丐：「那你就欠我二十塊錢吧！」

**大智慧：**

有些人總以為是上蒼欠他的，老覺得老天爺給的不夠多、不夠好，貪婪之慾早已取代了感恩之心。

## 省錢

有一個人等了好幾輛公車都因為人太多沒能擠上去，他不耐煩了，於是就跟在車子後面跑了起來。

妻子看到他上氣不接下氣的樣子感到很奇怪，就問他發生了什麼事。

那人說：「我是跟在公車後面跑回來的，省了二十元。」

妻子聽後馬上回答說：「你為什麼不跟在計程車後面跑回來呢？這樣你可以省下

一百二十元呢！」

**大智慧：**貪心的人會想出種種奇怪的理由來掩飾自己的慾望，而且毫不知足。

## 貪婪

一個美國人、一個法國人和一個中國人在沙漠裡行走，走著走著，碰到一個神仙。
神仙說：「我可以滿足你們每個人三個願望。」
美國人趕緊跳起來說：「我要一袋金幣。」
果然，一袋金幣從天而降。
美國人很高興，趕忙又說：「我要很多很多金幣。」
他埋在金幣裡了。
美國人在錢堆裡大喊：「把我和金幣一起送回美國去吧！」
一眨眼，美國人和那一大堆金幣不見了。
法國人看到真的能滿足願望，也迫不及待的說：「我要一個美女。」
果然，一個美女從天而降。

法國人很高興，趕忙又說：「我要很多很多美女。」
很多美女圍著他了。
法國人又接著說：「把我和美女們送回法國去吧！」
一眨眼，法國人和那一大堆美女不見了。
現在輪到中國人了。
只見他不急不徐：「我要一瓶二鍋頭。」
神仙給了他一瓶二鍋頭。
他坐在地上，慢慢的品味著他的美酒。
喝完後，神仙問他，第二個願望是什麼呢？
「請再給我一瓶二鍋頭。」
他坐在地上，慢慢的品味著他的第二瓶美酒。
喝完後，神仙問他，第三個願望是什麼呢？
「把那個美國人和法國人給我叫回來吧！」
美國人和法國人被叫回來後很生氣，他們又接著在沙漠裡走。
一會兒，又碰到一個神仙。

神仙開口了：「我是開始那個神仙的弟弟；我可以滿足你們每人二個願望。」
美國人和法國人都吃了先開始的虧，這回不敢先說願望了。
中國人慢慢走到神仙跟前，說：「請給我一瓶二鍋頭。」
美國人和法國人等了大半天，才等到中國人把那美酒喝完。
神仙接著說：「你的第二個願望是什麼？」
中國人說道：「你可以走了！」

**大智慧：**

無止境貪婪的人最後的結局，往往是一無所有。切記，貪婪是最真實的貧窮，滿足是最真實的財富。

## 我有罪

有一個人對神父說：神父，我有罪。
神父說：孩子，每個人都有罪。你犯了什麼錯？
那人回答：神父，我偷了別人一條牛，我該怎麼辦？神父，我把牛送給你好不好？
神父回答：我不要，你應該把那頭牛送還給那位失主才對。

那人說：但是他說他不要。

神父說：那你就自己收下吧！

結果，當天晚上神父回到家後，發現他的牛不見了。

**大智慧：**

在我們的生活中時常有詐欺、有陷阱，有時候明知是個圈套我們仍是往裡跳，這樣的陷阱要嘛源於我們的貪婪，要嘛源於設陷阱的人對我們自身的瞭解。

## 重賞之下

英國首相邱吉爾急於趕到眾議院去開會，他叫了一輛計程車。車子到達目的地後，他下車對司機說：「我在這裡大約耽擱一個鐘頭，你等我一下吧！」

「不行，」司機堅決地回絕，「我現在就要趕回家去，好在收音機裡收聽邱吉爾演說。」首相一聽這話，不禁大為驚喜，於是除照價付了車資之外，又重重賞了他一筆可觀的小費。司機望著那筆意外的收入，很快就改變了主意。

他對乘客說：「我想了一下，還是在這裡等著送你回去吧！管他媽的什麼邱吉爾。」

**大智慧：**

人的慾望就像「潘多拉的盒子」，一旦打開，就沒有辦法收回。因此，最好的辦法是把慾望壓抑在仍是種子的狀態中。

## 因小失大

列車長剪票時發現，一個蘇格蘭成人用的是兒童票，但蘇格蘭人堅決不肯補票，於是列車長拿起旅客的衣箱就往車外扔，此時，火車正在過橋。

「您瘋啦！」蘇格蘭人狂喊。「您跟我的票過不去，又淹死了我的弟弟！」

**大智慧：**

中國有句古話：「貪小便宜吃大虧」，很多時候，想想我們做的事情，都是因為有這樣的思想才會因小失大的。

## 早已料到

吃過晚飯，有一個吝嗇鬼帶著他的兒子到街上散步。走到半路上，他忽然想起家裡的電燈沒關，於是對兒子說：「糟糕，一碗牛肉麵白白丟了。」

他要兒子趕緊回家把電燈關掉。可是當兒子從家裡返回時，他不禁跺腳捶胸頓足地嚷道：「這次比剛才還要糟糕，你磨掉鞋子的錢也許值兩碗牛肉麵。」

**大智慧：**

為了貪圖眼前的一點利益而去耗費精力，反而會造成更大的損失。

## 小偷怎麼沒有來

李爺爺住在鄉下的時候，有個小偷窺視他的住宅，夜裡跑來偷東西。正好李爺爺從外面回來，遇到了小偷，小偷很害怕，丟下從別人家偷來的皮衣就逃走了。李爺爺意外得到皮衣非常高興。從此以後，老想得到皮衣。每天晚上回來，看到家中平安無事，就會皺著眉頭說：「小偷怎麼沒有來啊？」

**大智慧：**

老子說：「禍兮福之所倚，福兮禍之所伏。」我們也看到世間事常處在不斷的逆轉中，誰能意料到下一個瞬間的變化呢？

## 癡人說夢

威先生年輕時讀書讀得太多，人都讀傻了。有一天早晨起來，他對菲傭說：「你昨天夜裡夢見我了嗎？」

菲傭答道：「沒有。」威先生很生氣，大聲責罵菲傭說：「我在夢裡分明看見你了，為什麼要抵賴？」說著就到他母親那裡去告狀，他說：「那個笨菲傭該打，我昨天夜裡明明夢見她了，她卻堅持說她沒夢見我，真是豈有此理！」

**大智慧：**

世上有多少癡人說夢的故事，除了本篇故事這種真正的說夢外，像執著於妄想、堅持某種貪念，幻想一個永遠不可能實現的目標等等，不也是一種癡人說夢嗎？

## 稀罕

盼子心切的包氏夫婦喜獲麟兒，他們用盡心思，要為兒子取個出眾的名字，最後決定叫他做「稀罕」。

稀罕的童年很幸福，但他討厭這個名字，後來長大成人、結婚生子、事業非常成功，還是討厭他的名字，最後年老臥病，生命垂危時他央求妻子道：「請你千萬別把『稀罕』兩字刻在墓碑上，就叫我包氏好了。」

他死後，妻子按照他的遺願沒有把他的名字刻在碑上，可是只刻「包氏」二字好像過於簡單，她想讓人知道他是個多麼好的丈夫，於是在「包氏」之下刻了兩行小字：他結婚以後，從來未看過別的女人一眼。

現在，不論誰經過他的墓前，都會說一聲：「稀罕！」

**大智慧：**

面對慾望和誘惑，或許很多人都會垂涎三尺，趨之若鶩。但是，物以稀為貴，我們不求稀罕的同時是不是也就等同自賤了呢？所以做人還是稀罕一點吧！你說呢？

## 一塊肥皂

一個遊客對女導遊說：「你帶我遊覽維也納的風景，對我的幫助不少，我想送點禮物給你。你最喜歡什麼？」

女導遊非常貪婪，但又不便明言，只吞吞吐吐地說：「我喜歡打扮，嗯……給我一些在耳朵、手指或者脖子上用得上的東西吧！」

第二天，遊客送來了禮物——一塊肥皂。

**大智慧：**

貪婪和虛偽本來就是人性魔鬼的化身，當它們結合在一起，絕對不會變成小聰明——反而會為你造就一個巨大的陷阱！所以，做人還是要真誠地踩在陽光下，輕快地邁開堅定的腳步！

## 應該秤什麼

某父親怒氣衝衝的打電話到商店質問：「我兒子在你們店裡買了一斤沙拉醬，為什麼只有一半的量，你們到底秤過沒有？」

服務員：「先生，我想您應該先秤秤您的兒子。」

**大智慧：**

與其說是別人讓你痛苦，不如說自己的修養不夠。

先生，我想您應該先秤秤
您的兒子。

# 搞笑沒那麼簡單

沒有試著
羊嗎?

你起碼也該
先去買一張
彩券吧!

奇怪!我太太和
情婦也在裡面!

哈

那我坐在
琴前行

您應該先
秤秤您兒
子...

那您就趕快結
婚吧!

知道~老板說會給
兩百萬和一件貂皮
大衣

你知道做偽證會得
什麼結果

如果我能生一張您那樣
的臉蛋的話我準能拿到

笑談

# 責任的擔當與代價

## 指紋在臉上

警官：你們兩個人還抓不住一個罪犯，真是飯桶！

警察：長官，我們不是飯桶，雖然罪犯跑了，但我們還是想辦法把他的指紋帶回來了。

警官：在哪兒？

警察：在我們臉上！

**大智慧：**

自我安慰雖然能得到心理上的平衡。但是，在為自己開脫或辯護的過程中，你也正在失去改正錯誤，努力進取的勇氣。

## 判斷

「看得出來，您的房子，一定很狹小吧？」

「是的。您是怎麼知道的？」

「我發現，您的小狗的尾巴總是上下擺，而不左右擺。」

**大智慧：**

「環境決定論」雖有偏頗之處，但我們也沒有必要非把自己置身於逆境中去磨練自己，因為，有誘惑的地方就有風險，有風險的地方就有代價。記住，並不是所有的苦難都是我們必須去承受的。

## 求情

有一次阿里斯提卜到國王狄奧尼修那裡，請求為自己朋友辦一件事。狄奧尼修沒有答應，於是他便跪在狄奧尼修腳下懇求。當周圍的人嘲笑他時，他回答說：「這不是我的錯，而是狄奧尼修的不對，因為他的耳朵長在腳上。」

**大智慧：**

乞求是我們為獲得一樣東西所付出的最高代價。如果對方依然置若罔聞，誰還能說他是一個健全之人呢？

## 事不過三

有一個人和朋友們在一起聚餐，大夥對他說：

「你去買肉吧！」

「我怕買不好。」他答。

別人把肉買回來了，對他說：

「那你把爐火點上。」

「我不會生爐火。」他答。

別人生好爐火，又對他說：

「那請你做飯吧！」

「我做的飯不好吃。」他答。

別人把飯做好了，對他說：

「請你吃飯吧！」

這人馬上坐到飯桌前說：

「事不過三，我再也不能不滿足你們的要求了。」

**大智慧：**

一味推卸責任的人，往往不是真的不能夠去承擔，而是出於懶惰和僥倖的心態，而這可不是什麼好事情。想想看，並不是周圍所有的人都肯給你三次的機會？

## 貪杯

有一個人戀席貪杯，到人家家裡作客，許久不肯離去。他的僕人想要讓他快點離開，看到天陰了，便說：「天要下雨了。」

那人說：「要下雨了，怎能回去？」

過了一會兒果然下了雨。

許久，雨停了，僕人又說：「雨停了。」

那人又說：「雨停了，還怕什麼？」

**大智慧：**

有些人總是喜歡為他的所做所為找到開脫的理由，所謂「謀事在人」。儘管有時候是自欺欺人。

## 但願永久和平

一九六一年六月，美國總統約翰．甘乃迪與蘇聯領導人赫魯雪夫在維也納會晤。在一次午宴上，甘乃迪注意到赫魯雪夫胸前掛著兩枚勳章，就問他那是什麼勳章。

赫魯雪夫告訴甘乃迪：「那是列寧和平勳章。」

甘乃迪幽默地說：「但願你永久地戴下去！」

**大智慧：**

樹欲靜而風不止，願望和祈禱是多麼的脆弱無力！勇敢面對，積極應對才是人生應有的態度。

## 帳目清楚

柯立芝剛上任總統時，管理白宮的官員帶他巡視白宮。這位官員指著一處燒焦的大樑說，那是一八一二年戰爭時被英國軍隊燒的，建議應該儘快更換。柯立芝考慮了一下，說：「好吧！但別忘了把帳單寄給英國國王。」

**大智慧：**

我們總是為了替別人承擔後果而煩惱。在一個齒輪交錯的社會，這樣的事情是避免不了的，明晰責任，帳目清楚是我們最好的選擇。

## 由後代支付

一家飯店老闆在門前貼出一張公告，上面寫著：凡在本店用餐，費用由後代支付。

一位顧客見到這張公告後，欣喜異常。他第一個走進這家飯店，要了一份極精緻美味的飯菜及一瓶價格昂貴的白蘭地。當他酒足飯飽正要起身時，服務生過來結算。他指著那張公告說：

「那上面不是寫著費用將由後代支付嗎？」

「您說得沒錯，先生。這筆款項是為您曾祖父支付的。」

**大智慧：**

責任是不可逃避的，也許就在下一刻，它就降臨在你的頭上了。

## 細心的人

兩個朋友一起去旅行。到了晚上，他們來到一家旅館。他們累極了，馬上就上床睡覺。可是其中一個又起床，把鞋穿在腳上，然後躺下。

他的朋友十分詫異，問道：「你怎麼穿著鞋睡覺？」

「我是個細心的人。」他答道：「我有一回做了個夢，夢見我踩在碎玻璃上，痛極了。於是，我就不再赤腳睡覺了。」

**大智慧：**

如果連夢中的疼痛都要設法避免，我們實在無法想像現實中的人還能還敢去做些什麼？

## 躲獵人

「如果在大森林裡，大象突然遇到了獵人，牠該怎麼辦？」

「趕快戴上墨鏡，這樣獵人就認不出來了。」

**大智慧：**

任何試圖蒙混過關的努力都是一種「掩耳盜鈴」的自欺，這既是逃避責任，也是逃避現實。記住，並不是任何時候都能僥倖過關的。

## 刑事責任

法官問被告：「你在什麼時候入監服獄過呢？」

「喔！那已是很久以前的事了。」

「在什麼時候？」

「是在十年以前。」

「那以後你做了些什麼呢？」

「做什麼？待在監獄裡。」

**大智慧：**

有些人除了被迫為自己的行為承擔必要的責任，很多人根本不知道要主動的去擔當責任。對這些人而言，無所事事也許就是對社會最大的貢獻了。

## 懶惰的人

有一個懶惰的人，什麼也不做，日子一久生活都成問題了，鄰居想了一下說：「那你去守墓園，因為沒有比那更輕鬆的了」。

可是沒去多久，他又回來了，生氣對鄰居說：「氣死我了，我不做了」

「為什麼呢？」

「簡直太不公平了，他們都躺著，只有我一個人站著。」

**大智慧：**

懶惰是懶惰者的墓誌銘。對於懶惰的人，總是能為自己的行為找到藉口。

## 困難的處罰

一個士兵從中尉身邊走過，沒有敬禮。中尉把士兵叫了回來，嚴厲地說：「你沒有向我敬禮，為此你要受到處罰，罰您做一百遍。」

正巧，將軍走了過來。「怎麼回事？」他看見士兵一直在敬禮，問道。

「這個不懂禮貌的傢伙不向我敬禮，因此我罰他敬一百次禮。」

「一點兒也沒錯，」將軍笑著誇獎說：「不過，先生，您不要忘記，您也得回他一百次禮。」

**大智慧：**

利益的對壘於雙方的作用是相互的，並沒有一方是絕對的輸贏，你在想辦法讓別人受到傷害的同時，自己也會為此付出相對的代價。

## 遇到強盜後

A先生有一個吝嗇的朋友他們正在商店裡購物，突然，有兩個強盜闖進來搶劫，當強盜開始一個個搜查顧客的錢包時，A先生突然覺得他的朋友正在輕輕地捅他並悄悄的說：「拿著這個。」

「別給我手槍，我可不想當英雄。」

「快拿著吧，這是我欠你的二十五元。」

**大智慧：**

吝嗇之人最捨不得的不僅是錢財，常常還有責任和承擔。

## 僅判一星期

某人被指控酒後駕車，他在法庭上為自己辯護。

「我只是喝了些含有酒精的飲料，並沒有像指控書上說的那樣——喝醉了。」

「是啊，正因為像你說的這樣，我才沒有判你七天監禁，而僅判處你關禁閉一星期。」法官笑著答道。

**大智慧：**

如果真的做錯了事情，要嘛！請求別人的寬容，要嘛！接受懲罰。因為狡辯是沒有任何用處的。

## 還是步行好了

阿拉爾罕買了十隻驢子，當他騎在驢上數數時，發現只有九隻。而當他下來步行時，所數的驢子正好是十隻。騎上去數，又是九隻，跳下來數，又是十隻。反反覆覆十來次，阿拉爾罕總結道：「還是步行好了！」

**大智慧：**

愚蠢的人總是能為愚蠢找到藉口，但也必需為愚蠢付出代價。

## 出國的理由

某校決定在資優班裡選派一名同學到美國留學。教務主任請同學們考慮派誰去最合適。有一個學生高興地站起來說：「老師，讓我去最合適。我白天上課就想睡覺，晚上卻老是睡不著。因為台灣白天時美國正好是晚上。」

**大智慧：**

你也許會為自己終於找到了一個，能使自己獲取利益的藉口而沾沾自喜，卻不會發現那些甚至談得上是愚蠢的藉口早已被周圍的人洞察在心。

## 無辜的罪犯

罪犯送了一份豐厚的賄賂給他的辯護律師。在法庭上，由於律師出色的辯護，罪犯被宣判當庭無罪釋放了。

律師送罪犯到法庭門口，問他：「現在你已經獲得釋放，你能告訴我實話嗎？那個人是不是你殺的？」

「律師先生，我很感謝你！當我在法庭上聽到你為我所做的辯護時，我就認為我是無辜的。」

**大智慧：**

過於主觀的思考模式，絕對會影響你對事情的看法。

## 誠實的賊

「聽你這麼說，你聲明你偷東西是因為你已經好幾天沒吃東西了，」法官說：「那麼你為什麼不拿吃的，卻偷光了錢櫃裡的錢呢？」

「因為，我是一位有自尊心的人，法官先生，」被告回答說：「我一直遵循著自訂的原則：我吃任何東西都要付錢。」

**大智慧：**

當一個人即將面對法律的制裁時，往往會想出許多的藉口為自己辯護。而法律卻只會選擇那些合理的理由去相信。

## 五年的時間

法官對被告說：「你怎麼能證明你是無罪的呢？」

「當然，這得讓我好好想一想。」

「好吧，那給你五年的時間，足夠了吧！」

**大智慧：**

我們以為能用藉口來逃避責任，其實到最後它也只是促成我們承擔責任的理由之一。

## 好學不倦

警察：「你昨天才出獄，怎麼今天又犯法了？」

犯人：「我在獄中，學的藤編手工，還有一種手提包織法沒有學會，只好前來補習。」

**大智慧：**

有時候沈默甚至都比無聊的藉口要來得更好。

## 心安理得

農場老闆：你今天是不是往牛奶裡摻水了？

新助手：是的，先生。

農場老闆：難道你不知道這是不道德的嗎？

新助手：是的，先生。但您不是親口說過……

農場老闆：我是說，你應該先準備好一桶水再將牛奶往裡面倒，這樣我們便可以心安理得地對人們說，我們可沒往牛奶裡摻水，明白嗎？

**大智慧：**

現實生活中的自我欺騙不外乎兩種情況：一種是逃避責任另一種是尋求心理安慰。

## 顧此失彼

某西方國家廣告上寫著：「參加傘兵吧！從飛機上跳下來比過馬路安全。」有人在廣告下面寫著：「我很願意參加，但徵兵辦公室在馬路的對面。」

**大智慧：**

除非你什麼都不要做，否則就要承擔一定的風險。

## 農夫求醫

一位吝嗇出了名的農夫請醫生幫他的妻子看病。

「人家說你十分吝嗇。」醫生說：「我一定拿得到診療嗎？」

「不管你治好或治死她，你都可以不必打官司便可以拿到錢。」農夫說。

醫生便悉心醫治，但婦人還是死了，醫生要求農夫付診費。

「你治好了她嗎？」農夫問。

「沒有。」醫生承認。

「那你把她治死了？」農夫又質問。

「當然沒有！」醫生怒氣衝衝地說。

「那麼，我就不欠你分文。」農夫於是說。

**大智慧：**

若因自己對事情理解力偏差所造成的後果，最後終歸是要靠自己來承擔。在社會上工作，每個人都在為自己的事業而努力。輸了，怨不得他人。

## 旁敲側擊

小湯的母親愛子心切，在送小湯上小學的第一天，就向小湯的老師要求不能懲罰小湯。老師警告她，這樣子對小孩子沒幫助，只會寵壞了他。她想了一會兒後，說：「好吧，如果小湯做錯了什麼事，就懲罰他鄰座的孩子，嚇嚇他好了。」

**大智慧：**

指責和攻擊別人的缺點很容易，但正視和矯正自身的不足是不是遠比前者來得重要呢？畢竟自己的缺陷還是要自己來承擔！

## 孩子的邏輯

老師：我們學校從下學期起，改用全美語授課。

甲同學：我們會聽不懂的。

老師：不要擔心聽不懂，學語言就是要多聽，你們每天聽我說美語，時間久了自然就會明白。

乙同學：可是我每天聽家裡的小狗叫，也不知道牠在說什麼呀？

**大智慧：**

生活總有極端、意外、甚至無厘頭。但是，這些不能成為我們逃脫責任的藉口。還是回歸現實，肩負責任，老老實實的努力吧！

## 專科

剛考上醫師證書，仍有點飄飄然的年輕人，去看他的家庭醫師，告訴他現在他們已成了同行。

「你想做哪一科的專科醫生？」老醫生說。

「是的，」年輕醫生說：「我想專看鼻病。」

「真的嗎？」老醫生說：「你預備專看那一個鼻孔？」

**大智慧：**

比起承擔責任，避重就輕當然是件很容易的事。

但是，當我們規避職責的同時，也就錯過了深刻的研究和能力的增長，所剩下的僅是膚淺的無知和可憐的虛榮。

## 「理」在其中

傑克騎著自行車在街道上疾駛，過往的人群紛紛避讓。

警察阻止他問：「您為什麼騎這麼快？」

傑克回答：「對不起，我的剎車壞了，所以我想儘快騎回去修理，以免發生意外！」

**大智慧：**

出現問題已經是很糟糕了，我們絕不能再不知悔改地採取更加糟糕的態度和對策，那樣的不負責任和魯莽冒險只會使問題更加嚴重甚至不可挽救，離我們的初衷就越來越遠。

## 犧牲品

丈夫對妻子說：「明天是我們結婚二十周年紀念日，應該殺一隻雞。」

妻子快快地道：「殺一隻雞，難道牠應該為我們在這二十年中的爭吵不和負責嗎？」

**大智慧：**

我們在生活中經常會「導演」出各種問題，而我們自身恰恰又是裡面的演員。但是，似乎我們常常忽略了自己應該充當的角色和肩負的責任，而是完全作為一個轉嫁責任的逃避者，不是嗎？

## 巧克力杏仁

一位無牙老人在醫院休養，某護士常占其便宜，取走咬不動的食物。

一天巡至，見有杏仁一碟。老人說：「這是我朋友送的，我不要了，妳幫我倒了吧！」護士取走後又悄悄吃了，隨後對老人說：「你的朋友真怪，明知你沒有牙齒，卻送這種東西。」

「哦，」老人說，「他知道我愛吃那上面的一層巧克力。」

**大智慧：**

萬事皆有因果。天下沒有白吃的午餐，沒有掉下來的餡餅。因此，在忽然得知自己中大獎的時候，應當馬上警覺，並儘快查明、確認真假。

## 報復

一位彌留之際的男人向妻子立下遺囑：「我死後，但願你能嫁給我們的鄰居埃德先生。」妻子不解，於是他又解釋說：「兩年前，這混蛋賣給我的乳牛根本擠不出奶，我現在也要讓他嘗嘗受騙的滋味！」

**大智慧：**

當一個人心中充滿著仇恨並一心只想著報復的時候，他為報復所付出的代價，往往

我朋友送的，我不要了，妳幫我到了吧！
是杏仁耶！好啊！
好吃~
你的朋友真怪，明知道你沒牙齒卻還送這種東西
巧克力
他知道我愛吃上面的那層巧克力啊。

會超出最初他所受到的損失，而他自己對此卻渾然不覺。

## 等待

一位探險家在森林中看到一位老農夫正坐在樹樁上抽煙，於是他上前打招呼說：

「您好，您在這兒做什麼呢？」

這位老農夫回答：「有一次我正要砍樹，但就在這時風雨大作，刮倒了許多參天大樹，這省了我不少力氣。」

「您真幸運！」

「您可說對了。還有一次，在暴風雨中閃電把我準備要焚燒的乾草給點著了。」

「真是奇蹟！現在您準備做什麼？」

「我正等待發生一場地震把花生從地裡翻出來。」

**大智慧：**

偶然發生的恩賜只是我們偶爾可以懶惰的藉口而已，而一旦當我們凡事依靠於偶然的時候，就是我們即將要一無所獲的時候。

## 紅燈和警察

有一個人晚上開著車，經過一個十字路口，這時黃燈已轉成紅燈，他心想反正沒車，於是加速衝了過去，結果不巧被警察攔了下來，警察問他：「你沒看到紅燈嗎？」

「有啊！」他答。

「那你怎麼還闖紅燈呢？」警察又問。

他說：「因為我沒有看到你呀！」

**大智慧：**

我們常想在生活中取巧，以為神不知鬼不覺，殊不知我們所做的事是天地皆知，無所遁形。

## 貓價浮動

在市場上，一位顧客問：「這隻貓多少錢？」

「先生，一百法郎。」

「可是昨天你說只要二十法郎。」

「因為今天早晨牠吃了我家一隻價值八十法郎的鸚鵡。」

**大智慧：**

當我們因為自身的失誤，事情沒有做成，甚至弄得一團糟——這時，最重要的不僅是想辦法彌補，更重要的是一定要具有承認它的態度，絕不是轉嫁於人！

沒有試著
羊嗎?

你起碼也該
先去買一張
彩券吧!

奇怪!我太太和
情婦也在裡面!

# 搞笑沒那麼簡單

那我坐在
琴前行嗎

您應該先
秤秤您兒
子...

那您就趕快結
婚吧!

知道～老板說會給
兩百萬和一件貂皮
大衣

你知道做偽證會得到
什麼結果嗎

如果我能生一張您那樣
的臉蛋的話我準能拿到

笑談

# 選擇取捨
# 與
# 困惑

## 毅力

乞丐對胖太太說：「好心的太太，你行行好吧，我已經三天沒吃一點東西了。」

胖太太說：「啊，我真羨慕你，我要是有你這樣的毅力，早就瘦下來了。」

**大智慧：**

很多時候，那種讓他人為之敬佩的選擇，往往是當事人沒有選擇餘地的「選擇」。

## 無需再錦上添花

英國唯心主義哲學家休謨他本身也是一位經濟學家、歷史學家。他晚年退休後，每年還能拿到一千英鎊的退休金和再版稿費。他在愛丁堡圖書館做管理員時寫的《大不列顛史》是一本再版多次的暢銷書。周圍的人勸他再寫續集，一直寫到當代。哲學家攤開雙手說：「你們已經給了我太多的榮譽，現在我不想再寫了，理由有四點：我太老了，太胖了，太懶了，太富裕了。」

**大智慧：**

錦上添花固然更加美好，但有的時候維持現在的樣子也許是一個更好的選擇。

# 蘇格拉底的婚姻觀

柏拉圖有一天問老師蘇格拉底什麼是婚姻，蘇格拉底叫他到杉樹林走一次，要不回頭地走，在途中要取一棵最好、最適合用來當聖誕樹的樹材，但只可以取一次。

柏拉圖充滿信心地出去，過了半天之後，他一身疲憊地拖了一棵看起來直挺、翠綠，卻有點稀疏的杉樹回來。

蘇格拉底問他：「這就是最好的樹材嗎？」

柏拉圖回答老師：「因為只可以取一棵，好不容易看見一棵看似不錯的，又發覺時間、體力已經快不夠用了，也不管是不是最好的，所以就拿回來了……」

這時，蘇格拉底告訴他：「那就是婚姻！」

**大智慧：**

時光不可以倒轉，因此選擇要慎重，雖然有的時候並不是最好的，但是只要是你最滿意的，那就足夠了。

## 經濟學家顧問

有一天，尼克森總統向他的閣員抱怨，希望他的經濟學家顧問只有一隻手。閣員紛紛表示不解，問為何如此，尼克森總統於是回答說：「因為他老是對我說：『On the one hand, But on the other hand…』」

**大智慧：**

有的時候我們需要有勇氣去做出肯定的選擇，猶豫不決、優柔寡斷只會耽誤要事。果斷，也許正是我們所缺少的重要的能力。

## 近視的新娘

母親陪同剛度蜜月回來，有深度近視的女兒到眼科掛急診。

醫生笑這位母親太緊張了。因為對於一位正在蜜月中的女性，再怎麼急診也輪不到眼科呀！

這位母親氣急敗壞地說：「誰說不需要眼科急診，跟她回來的那個男人，根本不是先前跟她去度蜜月的那個男人。」

**大智慧：**

心的選擇往往不在於「眼」。當一種選擇足以讓周圍的人為之疑惑的時候，可能正是當事人的心，為之肯定的時候。

## 不在視線之中

青年時代的林肯在伊利諾伊州的聖加蒙加入民兵。上校指揮官是一個矮個子，身高只有四英呎多一點，而林肯的身材特別高大，大大超過指揮官。由於林肯自己覺得自己的身材過於高大，所以他習慣於垂著頭、彎著腰走路。上校看見他那彎腰駝背的姿勢十分生氣，便把他找來訓斥一頓。

「聽著，」上校大聲喊道：「把頭高高地抬起來，你這傢伙！」

「遵命，長官。」林肯恭敬地回答。

「還要再抬高點。」上校說。

「是不是要我永遠這個樣子？」林肯問道。

「當然啦！你這傢伙，這還用問嗎？」上校火大了。

「對不起，上校，」林肯面帶愁容地說：「那麼只好與你說聲再會啦！因為我永遠看不見你了。」

**大智慧：**

任何事情都是利弊相關的，如果我們獲得的收益能大於我們的損失，這樣的事情是可為的，反之則不可為。

## 國王與評論家

有位國王喜愛畫畫。他以為他的畫畫得不錯，於是，他把作品都拿給手下的人看。這些人一概奉承他。

一天，國王找來一位著名的大畫家，畫家看了國王的畫，對國王說：「要我評論您的畫未嘗不可，不過得先把我送進牢房。」

**大智慧：**

國王的新衣在現實的生活中上演鐵定不是只有一幕兩幕，並不是每個人都有勇氣為說出真相付出代價。

## 猴子找豆子

一隻猴子手裡抓了一把豆子，高高興興地在路上一蹦一跳地走著。一不留神，手中的豆子滾落了一顆在地上，為了這顆掉落的豆子，猴子馬上將手中其餘的豆子全部放置在路旁，趴在地上，轉來轉去，東尋西找，卻始終找不到那一顆豆子的蹤影。

最後猴子只好用手拍拍身上的灰土，回頭準備拿取原先放置在一旁的豆子，怎知那顆掉落的豆子還沒找到，原先的那一把豆子，卻全都被路旁的雞鴨吃得一顆也不剩了。

**大智慧：**

權衡利與弊，計算多與少，永遠不要做那種為了微不足道的一兩個而失去一切的愚蠢之舉。

## 猴子砍尾巴

猴子想變成人類，牠知道若要變成人類，至少要砍掉自己的尾巴，因為人類沒有尾巴。於是猴子拿起刀，決定動手砍掉尾巴，但動手之前，猴子被三件事困擾住了：一是砍尾巴的時候會不會很疼？牠怕疼死。二是尾巴砍了以後身體還能不能保持平衡，能不能保持靈活性，能不能活的長久。三是尾巴一生下來就和自己在一起，跟了自己很多年了，不忍心拋棄牠。因為這些問題一直想不通，所以一直無法下手砍掉自己的尾巴，直到今天猴子仍沒有變成人類。

**大智慧：**

蛻變和完美需要痛苦的掙扎，恐懼和顧慮太多是前進之大忌。

## 明智的選擇

一八八八年，美國第二十三屆總統競選之日，候選人班傑明．哈里森平靜地在等候最終的結果。他的主要興趣似乎是在印第安那州。

印第安那州的競選結果宣佈時已經是晚上十一點鍾了，哈里森通常在這個時候早已上床睡覺了。第二天上午，一個夜裡給他打過祝賀電話的朋友問他為什麼睡這麼早。哈里森解釋說：「熬夜並不能改變結果。如果我當選，我知道我前面的路會很難走。所以不管怎麼說，好好的休息才是明智的選擇。」

**大智慧：**

生活中有一些事情，就算是你用盡自己的力量也是無法操縱和改變的。

## 留聲機和助聽器

愛迪生一生中獲得了一千零九十三種發明的專利權，其中留聲機的發明讓他最為得意。當有人問起，他為什麼不發明助聽器時，他說：「你在過去的二十四小時內聽到的聲音，有多少是非聽不可的呢？」他接著又說：「一個人如果必須大聲喊叫，就絕對不會說謊。」

**大智慧：**

在這個資訊爆炸的時代，培養分辨真假資訊能力顯得尤其重要。

## 勇氣

美、英、德的三位海軍上將正在熱烈的討論什麼是真正的勇氣。

美國人和德國人談完以後，英軍上將最後發表見解。他叫來一個海軍新兵，板著臉說：「聽著，我命令你爬上三百米高的旗杆，行三次禮，然後從上面跳下來。」

「什麼？你瘋了！」新兵憤怒地盯著上將，大聲咆哮：「你讓我找死嗎？還是你出了什麼問題？」

「瞧，先生們！」那英軍上將得意地說：

「對我們這些司令官來說，這才是真正的勇氣！」

**大智慧：**

堅持正確的觀點不僅僅需要頭腦，更是需要勇氣。

## 以其人之道，還治其人之身

一個詩人因作品不被人注意而求助於英國作家王爾德：「這幫無恥的傢伙！居然以悶不吭聲來掩飾他們的無能。王爾德先生，我該怎麼對付他們？」「以其人之道，還治其人之身。」王爾德輕輕地回答。

**大智慧：**

有些人總是自以為是的對別人大加指責，卻不願意反省自己。

## 老煙槍

有一個老煙槍多次決心戒煙，但總不見成效。他一邊無可奈何地嘀咕著，一邊又掏出一支煙陶醉地抽了起來。

同伴忠告說：「抽煙有害健康，又浪費錢。不如在想抽煙時買兩根乳酸冰棒試試。」

他馬上接著說：「早就試過了，怎麼也點不著！」

**大智慧：**

如果對一樣東西過分的癡迷，往往意味著它將成為這個人生活的主宰。

## 貝多芬的雕像

有一位鋼琴家對作曲家雷格說：「最近我演奏的成績一直進步，使我有能力購買一架新鋼琴。我想在鋼琴上再擺個音樂家的雕像，你說買莫札特的好呢？還是貝多芬的好？」

雷格並不承認這位鋼琴家的才能，當即回答：「我看還是買貝多芬的吧！他是聾子！」

**大智慧：**

真正的努力是默默無聞的，虛假的努力是擺在案頭給別人看的。

最近我演奏的成績一直在進步，使我有能力購買一架新鋼琴，我想在鋼琴上再買個音樂家的雕像，你說買莫札特的好呢?還是貝多芬的好?
我看還是買貝多芬吧，他是聾子...

## 天意

病人堅決地反對做手術。他說：「既然上帝把盲腸放在這裡，那一定是有他的道理的。」

「當然，」醫生回答道：「上帝給你盲腸，就是為了讓我能夠把它拿出來呀！」

**大智慧：**

天意所意味的不僅僅是接受和順從，在必要的時候，我們自己要懂得和敢於捨棄才好。

## 四封拒絕信

科學家戴辛有一次送給著名影星凱瑟琳．赫本一份劇本。赫本看後便坐下來寫信：

「親愛的戴辛先生，承蒙您送給我這樣一部動人的劇本，我非常感謝。劇本很有趣，只是……」

寫到這裡她停了下來，因為不喜歡信裡的虛偽口吻，於是又另外拿了一張紙再寫：

「親愛的戴辛先生，我用心看了好幾次，還是不明白這個亂糟糟的劇本說些什麼……」

她再次停筆，從頭再寫：「戴辛先生，我從沒見過這樣無聊而又令人喪氣的劇本……」

不行，她認為說得太過火了，又改寫為：「親愛的戴辛先生，承蒙眷顧，不勝感謝，可惜工作過忙，無暇抽身……」還是不行，為什麼要扯謊呢？

後來她和朋友談起這件事情，朋友問她最後怎樣決定。她說：「我把四封信裝進一個信封，統統寄給他了。」

**大智慧：**

身為人類最大的優越之處是能夠選擇，不像動物那樣宿命地生存著；而人類最大的不幸也是能夠選擇，因為它必須為他自己的選擇承擔代價和風險。

## 死人數

英國詩人捷尼遜寫過一首詩，其中幾行是這樣寫的：「每分鐘都有一個人死亡，每分鐘都有一個人誕生……」

有個數學家讀後去信質疑，信上說：「尊敬的閣下，讀罷大作，令人一快，但有幾行不合邏輯，實難苟同。

根據您的演算法，每分鐘生死人數相抵，地球上的人數是永恆不變的。但您也知道，事實上地球上的人口是不斷地在增加。確切地說，每分鐘相對地有一萬六千七百四十九人在誕生，這與您在詩中提供的數字出入甚多。為了符合實際，如果您不反對，我建議您使用六分之七這個分數，即將詩句改為：「每分鐘都有一個人死亡，每分鐘都有一又六分之一的人在誕生……」

**大智慧：**

人生是模糊的，科學的選擇未必是最好的選擇。有些事情，為什麼非要搞得那麼精確呢？

## 誰的腳多

蛇、螞蟻、蜘蛛、蜈蚣幾個人在家裡搓麻將。搓了八圈之後，煙抽完了。大家商量讓誰去買煙。

蛇說：我沒腳，我不去，讓螞蟻去。

螞蟻說：蜘蛛八隻腳，比我的多，讓蜘蛛去。

蜘蛛說：我的腳再多也比不過蜈蚣大哥！讓蜈蚣去吧！

蜈蚣無奈，心想：沒辦法，誰叫我的腳那麼多呢？於是蜈蚣出門去買煙……過了一個多鐘頭後，不見蜈蚣回來，兩個鐘頭後，還不見蜈蚣買煙回來。

於是大家讓蜘蛛出去看看，蜘蛛一出門就看見蜈蚣在門口坐著，蜘蛛很生氣，問：你怎麼還不去呀！大家等著呢！蜈蚣也急了，說道：廢話！你們總得等我穿好鞋吧！

**大智慧：**

古人說：「凡事有利必有弊」，聰明的現代人往往是看到事情的好處，很少考慮事情的壞處。考慮問題不全的唯一結果就是「欲速則不達」。

## 左右為難

在法庭上，被告一直把手放在口袋裡，法官說他沒有禮貌。他回答說：「我簡直不知道該怎麼辦才好！把手放在別人的口袋裡，你們懲罰我，放在自己的口袋，又說我沒禮貌！」

**大智慧：**

我們總是在說無從選擇，但無從選擇的背後，可能是我們自己將選擇的答案設定的不合理，而合理的答案早已被我們自己排除在選擇的範圍之外。

## 裸體游泳

巡警：「這裡不許釣魚。」

釣者：「我不是釣魚，是讓蚯蚓練習游泳。」巡警：「那麼，把蚯蚓給我看。」

釣者：「你看！」

巡警：「不行！裸體游泳，該罰錢。」

**大智慧：**

當你的錯誤做法已經顯而易見的時候，狡辯絕不是一種聰明的選擇，因為他人早已經做好了懲罰你的準備。

## 找錢包

丈夫有一個裝著很多現金的皮夾子不見了，他正在搜查自己的衣袋。妻子在一旁問：

「你褲子口袋找過了嗎？」

「找了，沒有。」

「西裝上衣的幾個口袋呢？」
「也找了，沒有。」
「貼身的內衣口袋呢？』
「不敢找。」
「為什麼？」
「如果那裡要是再沒有，我的心臟病準會發作。」

**大智慧：**
為了留住僅存的希望，很多人不忍揭開最後的真相。但總是得去面對現實，而勇氣是自己給自己的。

## 祝福

大腹便便的施密特先生決定獨自在餐廳裡迎接新年。他坐在餐廳角落裡叫來了服務生，他說：「請你幫我送上一杯伏特加酒、一份牛排，為了迎接新年，你最好能再送我一句美好的祝福。」
過了幾分鐘，服務生將酒和牛排端到了施密特的面前。施密特問：「說吧！你送我的祝福是什麼呢？」

服務員俯身對著他的耳朵輕聲說：「別吃牛排了，先生。」

**大智慧：**

當別人對我們的忠告中肯而正確的時候，往往是我們最難抉擇的時候，因為那些忠告的內容可能就是我們自己不想去改變或是很難去改變的。

## 遞補猴子

某動物園來了一隻年輕的獅子，牠和另一隻老獅子關在同一個籠子裡，管理員每次來餵食時總是給年輕的獅子一根香蕉，而給老獅子的則是一塊肉。年輕的獅子心想：「可能我是新來的，不要太計較。」

經過三個月後，還是如此，年輕的獅子終於按捺不住地問管理員：「為什麼我來了三個月還只是吃香蕉！」

管理員回答說：「因為你補的是猴子的缺呀！」

**大智慧：**

妥協現實就接受別人眼中的自己；追求夢想就告訴別人什麼才是真正的你。

## 兩全其美

古時候，齊國的一戶人家有個漂亮女兒。同時有兩戶人家前來提親。東家家境富裕，但兒子長得醜；西家兒子長得俊，卻家境貧寒。父母不好做決斷，就讓女兒袒露一支胳膊暗示自己的意思。結果女兒把兩隻胳膊都袒露出來。

母親問女兒：「你這是什麼意思？」

女兒回答說：「我願意在西家住宿，在東家吃飯。」

**大智慧：**

趨利避害是人的本能，但往往兩者是相輔而生的，我們只能根據自己的條件和判斷來做選擇，像上面這種只選擇有利於自己的方式常常是行不通的。

## 賺錢

小女兒：爸爸，我會幫您賺錢了！

爸爸：乖女兒，等妳長大了以後再賺錢。

小女兒：不，我現在就會幫你賺錢了。您看，我已經賺錢回來了。

爸爸：咦，五塊錢，哪來的？
小女兒：是我賣酒瓶賺來的。
爸爸：酒呢？
小女兒：倒到馬桶裡去了。
爸爸：啊！……
**大智慧：**
生活中，我們經常做這樣的事情：為了獲得而喪失更有價值的東西。只因為我們眼中充滿了代表獲得的一切，對於那些在獲得中所失去的，我們已經無法發現。

## 得與失

有一個年輕人下班回家後，發現他的新婚妻子一副憂心忡忡的樣子。
「我真是沒用，」她說：「我剛才幫你熨西裝，結果把褲子臀部燒了個大洞。」
「不要緊，」她丈夫安慰說：「那套西裝我多備了一條褲子。」
「對，」妻子高興起來說：「幸虧是這樣，我用那條褲子把燒的洞補上了。」
**大智慧：**

我們總是怕有所失，所以常常預留備份，甚至冒險地腳踏兩條船，以求萬無一失。

可是，生活本身並不完美，而是真實——即使是殘缺，也是真實的美。

## 稍等一分鐘吧！

有一個人問上帝：「偉大的上帝，在你的眼睛裡，一千年的時間意味著什麼？」

上帝回答道：「只意味著一分鐘罷了。」

「萬能的上帝呀！在你的眼睛裡，一萬個金幣又意味著什麼呢？」

「僅僅意味著一個小錢罷了。」

「慈悲的上帝呀！那就請你恩賜給我一個小錢吧！」

「好，可憐的人，就請你稍等一分鐘吧！」

**大智慧：**

任何事情其實都是相對的，得到東西的時候，也是要付出相同的代價。

## 過河

有一個船夫划著船送一位哲學家過河，上船時哲學家問，你懂哲學嗎？船夫說不懂，哲學家說，你生命的一半沒有了。

船划了一段後又問，你懂歷史嗎？船夫說不懂，哲學家說你生命一半的一半沒有了。划到河中央時突然一陣大風颳來，船快翻了，船夫問哲學家，你會游泳嗎？哲學家說不會。船夫說你整個生命都沒有了。

**大智慧：**

這個故事是在說明思想理論與現實經驗的差異。什麼是經驗？經驗是現實生活的昇華，是現實的感悟，是自我否定的積累，是付出一定代價後的重新認識。

記住，原始的不一定是落後的，理性的不一定是現實的，直覺的不一定是膚淺的，有趣的不一定是有效的，荒誕的不一定是有益的，失敗的不一定是消極的，模糊的不一定是混亂的，精細的不一定是高明的，傳統的不一定是保守的，奧妙的不一定是深刻的，這些全靠你用腦子去思考、去了解、去體會、去選擇。

## 失火

一位好萊塢影星的豪華別墅失火了。

「趕快通知電視臺、廣播電臺和所有的報社記者！」主人吩咐傭人。

「好吧！先生。那消防隊還要通知嗎？」傭人問。

**大智慧：**

對於某些人來講，名利簡直要比生命還重要，但究竟什麼才是最重要的，這可是需要用一生來回答的問題。

## 選擇

有一個古老的難題一直在流傳著說：當你的母親、妻子、孩子都掉進水中時，你先去救誰。

每個人所給的答案都有所不同。哲學家們就不同的答案做了深入的分析，說明不同的人在思想、靈魂、文化深處的重大差異。

有一次，一位農夫所居住的村莊被洪水淹沒，他從水中救出了他的妻子，而孩子和母親都被沖走了。

事後，大家七嘴八舌，有的說救對了，有的說救錯了。

哲學家問農民當時怎麼想的。農民說：「我什麼也沒想。洪水來的時候，妻子正在我身邊，我抓住她就往高處游。當我返回時，母親和孩子都被沖走了。」

**大智慧：**

不要給選擇賦予太多的牽強意義，很多時候，選擇的理由只是基於本能，只是一種自然的最可能成功的反應

## 完美

有一個男人，他一輩子單身，因為他在尋找一個完美的女人。當他七十歲的時候，有人問他：「你一直到處旅行，從喀布爾到加德滿都，從加德滿都到果阿，從果阿到普那，你始終在尋找，難道你沒能找到一個完美的女人？甚至連一個也沒找到嗎？」

那老人變得非常悲傷，他說：「是的，有一次我碰到了一個完美的女人。」

那個發問者說：「那麼發生了什麼事？為什麼你們不結婚呢？」

他變得非常非常的傷心，他說：「怎麼辦呢？她正在尋找一個完美的男人。」

**大智慧：**

完美只能嚮往，卻不能當作現實的目標來追求，退一步想，缺憾何嘗不是一種美？

# 搞笑沒那麼簡單

你沒有試著
數羊嗎?

你起碼也該
先去買一張
彩券吧!

奇怪!我太太和
情婦也在裡面!

哈

那我坐在
琴前行

您應該先
秤秤您兒
子...

那您就趕快結
婚吧!

知道~老板說會給
兩百萬和一件貂皮
大衣

你知道做偽證會得到
什麼結果

如果我能生一張您那樣
的臉蛋的話我準能拿到

笑談

# 做人做事與規則

## —積極的做事

## 找孩子

有一個人帶著小男孩外出。這小男孩身穿一件紅上衣。他抱起小男孩，讓他騎在自己的脖子上，邁開大步朝前走去。

走了一段路程後，這人忽然想起小男孩來，於是逢人就問：「你看見一個身穿紅上衣的小男孩沒有？」

有個人告訴他：「你肩不是坐著一個身穿紅上衣的小男孩嗎？」

這人伸手抱下小男孩來，打了他一巴掌，罵道：「渾小子，出門的時候我不是對你說過了，叫你不要離開我，你剛才上哪裡去了，害我一直找。」

**大智慧：**

如果只是把眼睛放在別人的身上，就永遠找不到問題的答案。

## 狼與灰鶴

狼吞進一塊骨頭，骨頭卡在喉嚨裡，嚥不下去。於是，狼去找灰鶴，對灰鶴說：

「你把我喉嚨裡的骨頭叼出來，我會報答你的。」

灰鶴把頭伸進狼的嘴裡，用長嘴叼出了骨頭後，對狼說：「你要如何報答我呢？」

狼說：「你剛才把頭伸進我的嘴裡，我沒有把你的頭咬下來，你還不滿足嗎？」

**大智慧：**

面對像狼一般的貪婪，也許我們真的應該慶倖自己，及時地意識到什麼是不該去相信的。

## 聰明的毛驢

摩阿維亞國王到街上散步，在一個磨坊裡，他看到一頭小毛驢正拉著磨盤轉，脖子上還掛著一個叮噹作響的鈴鐺。

國王好奇地問磨坊主人：「你為什麼要在毛驢的脖子上掛一個鈴鐺呢？」

磨坊主人告訴他：「萬一我打瞌睡了，毛驢也不走了，牠脖子上的鈴鐺就不響了。我聽不見鈴鐺聲，就知道毛驢偷懶了，只要我大喝一聲，牠就又會轉起圈子來。」

國王說：「要是毛驢站在原地不動，光搖頭，既沒有幹活，又能讓你聽到鈴鐺聲，那怎麼辦呢？」

磨坊主從來也沒有想過這個問題。他說：

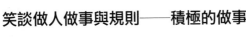

「啊，我親愛的陛下，我到哪兒才能買到像你這樣聰明的毛驢呀！」

**大智慧：**

有些人總是把簡單的事情複雜化，可是顧慮太多哪還有精力去做事情呢？

## 蠢人和羊

從前有一個叫巴基里的人，花了十一個銅錢買了一頭山羊。他把羊扛在肩上，用兩隻手托著往回家的方向走。

半路上，他遇到一個老朋友，「這頭羊你用多少錢買來的？」巴基里沒有回答，只是把兩隻手往前一伸，用十個指頭表示「十」，他又把舌頭往外一伸，加起來自然是「十一」了。

可是，他肩上的山羊早已跳下來，逃得無影無蹤了。

**大智慧：**

不善於運用身邊最便利條件的人，往往會一無所得。

## 安全的游泳法

最近，在年輕人中間流傳著一條新聞：某游泳教室在全省大賣場辦了一個「安全游泳法指導處」。

當人們三三兩兩相聚時，就商量著：「我們也去學一學安全游泳法。」

開學了，大家都坐在老師面前，心想不知是怎麼個學法。大家七嘴八舌的熱烈討論著，老師從襯衫口袋裡拿出原子筆來，在大家的膝蓋上畫上一條橫線，說道：

「我衷心的希望你們：深過這條線的水可千萬不能下呀！」

**大智慧：**

站在岸上的人永遠學不會真正的游泳，只有深入其中才能得到你想要的才識。

## 遵守交通規則的人

一個人在馬路上飛快地跑著。別人問他為什麼跑這麼快，他指著路牌氣喘吁吁地說：

「你看，上面寫著限制時速二十公里，我不能違反交通規則啊！」

**大智慧：**

不要隨意給自己施加壓力，因為有些事情是與你毫不相干的。

## 欲擒故縱

在蒙特卡羅作案的老扒手卡魯，被一個資深的警察逮捕了。警察叫卡魯交出一百法郎的罰款，可他身上只有九十法郎。

「先生，就請減免十法郎吧！」

「不行，這是規定！必須交齊一百法郎，這樣吧，卡魯，我釋放你一個小時。」

**大智慧：**

只要是人總是難免犯這樣的錯誤，因為過於拘泥於法條而忘記了目的本身真正的意義。

## 愛顯年輕的夫人

一位夫人已經上了年紀，臉上滿是皺紋，但她總是喜歡把自己的年紀說得年輕一些。

有一次，她對一位新近結識的朋友說：「你知道嗎？我和我妹妹加起來一共六十歲。」

「啊喲喲，」朋友驚叫起來，「難道你把一個這麼小的妹妹丟在家裡放得下心嗎？」

**大智慧：**

正所謂「欲蓋彌彰」，坦然的面對比刻意掩蓋更能讓人忽視你所不願意接受的事實。

## 三思而後行

一輛不守交通規則的大卡車上立著一塊大木牌，上面寫著：「本車與他車相撞十七次，其中十五次大勝，一次平手，只有一次失利。諸車在撞我之前要三思而後行！」

**大智慧：**

在做出任何行動之前，你所要三思的應該是自己，而不是別人。如果每個人都能照顧好自己，這個世界就能相安無事了。

你知道嗎?我和我妹妹加起來
一共六十歲唷~
阿唷唷！難道你把一個這麼小的妹妹丟在家裡放得下心嗎？

## 到倫敦需要的時間

一個愛爾蘭人給旅遊公司打電話：「我坐飛機到倫敦需要多久的時間？」接待小姐想算算看飛行的時間，就對他說：「請等一分鐘，先生！」

「非常感謝！」愛爾蘭人滿意地答道並掛斷電話。

**大智慧：**

做任何事情都要有始有終，半途而廢永遠不會事半功倍。

## 好長的一隻狗

有個瞎子，走路的時候不小心踩到一隻正在睡覺的狗的頭。狗「汪汪汪」地叫了起來。這人又往前走，這回踩到了另一隻狗的尾巴。狗又「汪汪汪」地叫了起來。

瞎子歪著頭說道，

「呵，這隻狗可真是夠長的。」

**大智慧：**

「只見樹木，不見森林」的人無異於是個瞎子，因為他們同樣有著狹隘的視野。

# 解是存在的

工程師、化學家和數學家住在一家老舊的旅館三個相鄰房間裡。當晚先是工程師的咖啡機著了火，他嗅到煙味醒來，拔出咖啡機的電插頭，將它扔出窗外，然後繼續睡覺。過一會兒化學家也嗅到煙味醒來，他發現原來是香煙頭燃著了垃圾桶。

他自言自語道：「怎樣滅火呢？應該把燃料溫度降低到燃點以下，把燃燒物與氧氣隔離。澆水可以同時做到這兩點。」

於是他把垃圾桶拖進浴室，打開水龍頭澆滅了火，就回去接著睡覺。

數學家站在窗外看到了這一切，過了一會兒他發現他的煙灰燃著了床單時，他一點兒也不擔心。說：「這個解是存在的」就接著睡覺了。

**大智慧：**

以前的哲學家只是解釋世界，而問題在於改造世界。不要把時間和精力放在解釋問題上，找出最切實、有效的解決辦法才是當務之急。

## 量過了才吃

小林到動物園，發現他在餵某一隻猴子時，牠每次都會把丟進去的花生先塞在屁股眼裡，再拿出來吃。小林好奇地問管理員，為什麼這隻猴子會有這種舉動？管理員答道：「因為去年有人丟給牠一個大桃子，牠為了把大桃子的核排泄出來，吃了不少苦頭，所以現在它一定先把食物量過了才吃。」

**大智慧：**

所謂的「一朝被蛇咬，十年怕井繩」大概就是這樣，猴子尚能如此，為什麼有些人卻老是在相同一個地方重複的犯錯。

## 推門和拉門

有一位青年男子連續數十夜夢到拼命推一扇無論如何也不能推開的門，白天則精神不振，後來到心理醫師處諮詢得到建議：下一次暫且停下來，看一看周圍的情況。後來果然又夢到此情形，暫停下來看時，則見門側貼著標示牌，寫「拉」，輕輕拉門而入。

**大智慧：**

以全局來分析問題，先思考而後行動。

## 總統的衣服

美國第三屆總統托馬斯·傑斐遜，他自始至終把自己看作是平民的一員，在擔任總統時，每天下午，他都要獨自騎馬到華盛頓郊區去散步，與人民群眾進行零距離的接觸。

一天，傑斐遜碰到一個康涅狄格州人。此人見傑斐遜騎著一頭馬，衣著平常，以為他是一個馬販子，便與他聊了起來。說著說著，扯到了新上任的總統。

對方說：「傑斐遜花錢毫不手軟。他的每個指頭都戴著戒指。把他的衣服賣了，賺回來的錢都可買到一畝田外加兩隻手錶。」

傑斐遜聽了哈哈大笑說：「總統平時穿的衣服還沒有你漂亮哩！如果你不相信，我陪你去見見他。」

當他倆騎馬來到白宮門廳時，僕人趕忙向傑斐遜打招呼：「總統先生！」那個同行的人頓時嚇得目瞪口呆。

**大智慧：**

我們常說「謠言止於智者」，以訛傳訛的後果是人似馬猴。為了避免謊言被揭穿的尷尬，生活中要做個明辨是非的人。

## 許願

馬克考試總是不及格。

爸爸對他說：「好孩子，從下個學期開始，你要加倍努力讀書，成績及格了，我就給你買一部小轎車。」

第二個學期結束了，馬克還是不及格。爸爸火冒三丈！

「沒用的東西，這個學期你幹什麼去了？」

「我學開車去了。」

**大智慧：**

事情總該有個輕重緩急，當作為前提的部分還沒有實現，後面的就無從談起。

## 謙遜

有位官員前去探望自己病中的主管。病人沈重地歎息一聲，說：「我們兩個都老了，還常常生病。我們兩人當中究竟會是誰先離開這個世界呢？」這位以謙遜著稱的官員習慣地恭敬回答道：「當然，是您，是您。」

**大智慧：**

當你希望以某種「品質」來贏得更多的時候，可要小心了，因為一個不經意就能讓你全盤皆輸。

## 誠實的店員

哈洛到一家商店當店員。上班的第二天，一個老店員吩咐他把裝在塑膠袋裡的垃圾拿出去扔掉，他卻一動也不動。老闆問他為什麼不聽老店員的話，哈洛說：「如果我聽了他的話，就違背了您的話。您昨天對我說：『你在我的店裡，一定要十分誠實，絕不要將店裡的東西拿出去。』」

**大智慧：**

刻板的遵守應該是不太討人喜歡的，即使是在那些制定這些規則者的眼裡。

## 再加一步

一位斯巴達人對母親抱怨說，他的劍太短了。母親回答說：「兒子，你前進一步你的劍不是就長了嗎？」

**大智慧：**

主觀的努力是對客觀不足最好的彌補，要知道抱怨是解決不了任何問題的。

## 理由

有幾位紳士在一家酒店裡喝酒，酒後沒什麼可消遣的，有人就提議賭博。有一位紳士站起來說道：「我有十四條理由反對賭博。」

大家問他是哪些理由，他說道：「第一條，我沒有錢……」

那個提議的人馬上打斷他的話，說道：「你老兄就是有四百條理由的話，也用不著說第二條了。」

**大智慧：**

一旦決定性的前提因素被取消，那麼這件事情本身便是無從談起的了。

## 拔牙

牙醫對病人說：「你不要害怕，來來，喝一杯酒鎮靜鎮靜。」等病人喝下酒後，過了一會兒，醫生問：「你現在覺得如何？」

「看誰還敢拔我的牙？」病人紅著目露凶光的對醫生說。

**大智慧：**

我們眼中的一個因，往往會產生與我們初衷相反的另一個果。事與願違的事情，從來就不是一開始就可以預料得到的。而我們能做的就是，考慮得周全些，再周全些。

## 要的就是這個

將軍發現，有一個士兵的行為舉止非常怪異：他總是拿起一張用過的紙，看一看，然後扔到一邊，同時喃喃地說道：「不，要的不是這個！」

將軍請心理醫生給士兵看病。心理醫生檢查以後寫道：此人有心理障礙，不宜當兵。

士兵拿起診斷書，高興地說：「對了，要的就是這個！」

**大智慧：**

經濟學中有「合理規避原則」。當我們想要拒絕事情或者想要達到自己的目的的時候，利用規則來巧妙的實現往往比直接對抗的效果要來得更好。

# 先去買張彩券

有個落魄不得志的中年人，每隔三、兩天就到教堂祈禱，而且他的禱告詞幾乎每次都相同。

第一次他到教堂時，跪在聖壇前，虔誠地低語：「上帝啊，請念在我多年來敬畏您的份上，讓我中一次彩券吧！阿門。」

幾天後，他又垂頭喪氣回到教堂，同樣跪著祈禱：「上帝啊，為何不讓我中彩券？我願意更謙卑地來服侍你，求您讓我中一次彩券吧！阿門。」

又過了幾天，他再次出現在教堂，同樣重複他的祈禱。如此周而復始，不間斷地祈求著。

到了最後一次，他跪著：「我的上帝，為何您不垂聽我的祈求？讓我中一次彩券吧！只要一次，讓我解決所有困難，我願終身奉獻，專心侍奉您。」

就在這時，聖壇上發出了宏偉莊嚴的聲音：「我一直垂聽你的禱告。可是，最起碼，你也該先去買一張彩券吧！」

**大智慧：**

上帝啊，請念在我多年來敬畏您的份上讓我中一次彩卷吧！阿們！
上帝啊，爲何不讓我中彩卷呢?我願意更謙卑的服侍您，求您讓我中一次彩卷吧!
上帝啊，讓我中彩卷吧!我會更謙卑的服侍您的!阿們!
我一直垂聽你的禱告，可是，最起碼你也該去先買一張彩卷吧...

夢想是成功的起跑線，決心則是起跑時的槍聲。行動猶如奔跑者全力以付的決心，唯有堅持到最後一秒的，方能獲得成功。

## 熱情

「擺脫憂鬱，」心理醫生囑咐病人：「讓熱情充滿你每天的生活，熱情滿懷地起床，上班。總之，用你的熱情地去做每一件事。」

一周以後病人又回來了，看起來比過去更加憂鬱，醫生問他是否遵醫囑做了。

「這正是問題所在，」病人答道：「我滿懷熱情地起床、吃飯、然後與妻子吻別，以至於我上班遲到了兩個小時，被解雇了。」

**大智慧：**

「過猶不及」，故事告訴我們做任何事情都要適可而止，不能極端。

## 三個畫家

從前，有一個國王，長得高頭大馬身強體壯的，可惜的是他有一隻眼是瞎的，一條腿是瘸的。有一天他召來三位有名的畫師給他畫像。

第一個畫師，把國王畫得雙目炯炯有神，兩腿粗壯有力，虎背熊腰，英俊威武。國王看過畫之後，氣憤地說道：「這是個善於逢迎的傢伙。」他叫衛兵把這位畫師推出去斬首了。

第二位畫師，按照國王原來的樣子畫得逼真如實。國王看過畫像之後，又是一股怒氣，說：

「這叫什麼藝術！」叫衛兵把他的頭也砍了。

輪到第三位畫師了。他把國王畫成正在打獵，手舉獵槍托在瘸腿上，一隻眼緊閉著瞄準前方。國王看了十分高興，獎勵他一袋金子，譽他為「國內第一畫師」。

**大智慧：**

無論是對自己，還是對他人，人生的智慧都是：「揚長避短。」

## 晚點

鐵道柵欄前停著一長串汽車。值班人員從鐵路崗哨的窗口探出頭，對大家說：

「請大家耐心地等一等，剛接到通知，火車晚到四十分鐘。」

**大智慧：**

一切都不是固定一層不變的，只有隨機應變才行得通。

## 邀請

星期一的早上，格娜茲什克太太將她三歲的小兒子送到幼稚園，然後就出外買東西去了。

在超級市場，她碰見了鄰居派費薩克太太。

「您今天晚上有時間嗎？」格娜茲什克太太問。

「有。」派費薩克太太答道。

「明天下午呢？」

「也有。」

「那麼後天呢？」

「可惜沒有時間，後天我們家有客來訪。」

「多麼遺憾！」格娜茲什克太太說：「我真心想邀請您，後天來我家喝茶呢！」

**大智慧：**

與其對他人表示你虛假的真心，倒不如不去表示。否則，別人將會用「虛假」兩個字來為你定位。

## 到底誰無聊

甲：「世界上就是有那麼無聊的人……」

乙：「為什麼這麼說？」

甲：「有一個人從早上八點鍾開始釣魚，一直到下午四點，一條魚也沒釣到……你說無聊不無聊？」

乙：「真夠無聊的……，可是你是怎麼知道的？」

甲：「因為我從頭一直看到他走。」

**大智慧：**

只有真正無所事事的人，才會發現別人的無所事事。

## 弄巧成拙

晚宴上，約翰的女祕書喝醉了，約翰只好開車送她回家。回到自己的家後，約翰怕妻子不理解，沒將這事告訴妻子。

第二天下午，約翰開車陪妻子去看電影，突然間，他發現妻子腳邊有一隻女人皮鞋，他趁妻子眼睛看車窗外的一瞬間，拾起那隻皮鞋將它扔到窗外，這才鬆了一口氣。不料，此時妻子轉過頭來，用腳碰了碰約翰，問道：「約翰，你看到我的另一隻鞋子了嗎？」

**大智慧：**

世上本來就沒有鬼，如果有鬼，也是在你的心中。

## 不會失業

有一個人這樣說：「如果把所有的男人放在某一個島上，所有的女人放在另一個島上，就會解決失業問題。」

「為什麼？」

「因為人人都忙著造船，沒有一個人會有空閒。」

**大智慧：**

人做事的動力有許多時候都是源自於潛意識裡的強烈慾望，善於利用自己合理的慾望，會使你時刻充滿信心與希望。

# 搞笑沒那麼簡單

你沒有試著
數羊嗎?

你起碼也該
先去買一張
彩券吧!

奇怪!我太太和
情婦也在裡面!

哈

那我坐
琴前行

您應該先
秤秤您兒
子...

那您就趕快結
婚吧!

知道~老板說會給
兩百萬和一件貂皮
大衣

如果我能生一張您那樣
的臉蛋的話我準能拿到

你知道做偽證會得
什麼結果嗎

笑談

# 優良的品質和習慣

## 理髮

一名男子到理髮店理髮。男子對理髮師說：「請你把左邊的頭髮剪得短點，右邊的頭髮讓它垂到耳朵不要剪，然後在腦門上給我剪禿像五元硬幣大的一塊，還要留下一縷長髮，使我能把它一直拉到下巴那裏。」

「對不起，先生，」理髮師道：「這個我可能辦不到。」

「辦不到？」顧客怒喝，「上次就是你把我的頭髮剪成這個樣子的。」

**大智慧：**

很多人並不知道或者不願承認自己已經把事情做得如此地糟糕，除非你拿出足夠的證據。

## 心裡一致的希望

甲：「我對太太最講民主，如果我的意見和她相同，她便服從我，如果不一樣，我便服從她。」

乙：「我對太太最講平等，各管各的，我管理客廳、臥房、廚房，她管理傭人和

你好，可以請你把我左邊的頭髮剪的短點，右邊的頭髮讓他垂到耳朵不要剪，腦門上剪禿五元硬幣大小，再留一縷長髮嗎?
對不起，先生，這個我可能辦不到。
辦不到？上次就是你把我的頭髮剪成這個樣子的。

我。」

丙：「我主張獨裁。家中大事由我負責，小事由她負責。還好，結婚五年來，家裏沒發生過一件大事。」

丁：「現在我是妻管嚴，在家老婆做主，但是從明天起我要當家做主」眾人一致的點頭：「不錯不錯」。

**大智慧：**

人人都有自己的弱點。有勇氣承認就有勇氣面對繼而去克服，但對於那些不敢承認的人來說，就永遠要這樣將就了！

## 廢紙箱

愛因斯坦到普林斯頓大學，他的辦公室那天，有人問他需要那些物品。「我看，一張書桌或臺子，一把椅子和一些紙張鉛筆就行了。啊，對了，還要一個大的廢紙箱。」他說。

「為什麼要大的？」

「好讓我把所有的錯誤都扔進去。」

**大智慧：**

成功其實很簡單，就是敢於承認自己的缺點和錯誤，並且毫不猶豫地把它們扔進「廢紙箱」裏。

## 湯匙

麥克走進餐廳，點了一份湯，服務生馬上給他端了上來。

服務生剛走開，麥克就嚷嚷起來：「對不起，這湯我沒辦法喝。」

服務生重新給他上了另一碗湯，他還是說：「對不起，這湯我沒辦法喝。」

服務生只好請來經理。經理畢恭畢敬地朝麥克點點頭，說：「先生，這道菜是本店最拿手的，深受顧客歡迎，難道您……」

「我是說，湯匙在哪裡呢？」

**大智慧：**

有錯就改，當然是件好事。但我們常常是改掉正確的，留下錯誤的，結果是錯上加錯。

## 換隻手錶

喬治．華盛頓是美國的第一任總統。他有一個年輕的祕書，一天早晨，這位祕書來遲了，他發現華盛頓正在等候著，感到很內疚，便說他的錶出了問題。華盛頓平靜地回答：「恐怕你得換一隻錶，否則我就要換一位祕書了。」

**大智慧：**

如果錯了，就勇於承認下決心去改正，不要給自己找任何藉口，因為藉口會讓人覺得你沒有悔過的誠意。

## 「叫」蟲

英國科學家查理．羅勃．達爾文，在一位隱居鄉間的朋友家做客。友人的兩個孩子蓄意趁機逗弄一下，這位顯赫的科學家。他們捕捉了一隻蝴蝶，一隻蚱蜢，一隻甲蟲，一條蜈蚣，取下蜈蚣的軀體，撕下蝴蝶的翅膀，拔下蚱蜢的大腿，摘下甲蟲的腦袋，小心翼翼地拼湊起來，組合成一隻奇形怪狀、肢體異樣的小昆蟲。然後他們把牠放在盒子裏，拿到達爾文的面前。

「我們在地裏捉到了這隻昆蟲。達爾文先生，您能否告訴我們：牠屬於哪一種類型？」

達爾文看了一下，隨後又向孩子們瞟了一眼，微笑地說：「孩子們，你們留意了沒有：在捕捉的時候，牠會不會叫？」

「會叫的。」他們回答，彼此用臂膀打著暗號。

「既然是這樣，」達爾文說，「那是一隻『叫』蟲。」

**大智慧：**

「知之為知之，不知為不知，是智也。」最博學的人，也不可能通曉人類科學的全部知識。達爾文尚且能幽默地承認自己的「無知」，我們這些普通人，又何必為知識的欠缺而感到羞愧呢？

## 烤酥餅的臆測

以導演驚悚恐布片出名的英國導演，阿爾弗雷德·希區考克很認真地在看妻子做奶油酥餅。當她把酥餅放進爐子裡後，他的兩隻眼就直愣愣地盯著火爐的門。

「裏面不曉得有什麼變化了？」每隔幾分鐘他就這樣自言自語一下，聲音壓得很低，好像深怕奶油酥餅聽了會發怒似的。

當酥餅香味撲鼻的時候，希區考克太太便打開火爐的門，取出一塊香甜可口烤熟的酥餅，愉快的享用著，而希區考克卻已經緊張得精疲力竭。

「下次做酥餅時，一定得先裝個透明的玻璃爐門，好看清裏面所發生的一切。」驚悚片導演氣喘吁吁地說，「我實在受不了這種憶測。」

**大智慧：**

有時候，我們真該學習一下驚悚片導演這種敬業的精神。生活處處皆學問，正如禪學上所言：「擔柴挑水，自有妙處」。只要你留心，日常生活會給你很多知識和啟示。

## 三隻烏龜

三隻烏龜來到一家飯館，要了三份蛋糕。東西剛端上桌，他們發現都沒帶錢。大烏龜說：我最大，當然不用回去取錢。中烏龜說：派小烏龜去最合適。小烏龜說：我可以回去取錢，但是我走之後，你們誰也不准動我的蛋糕！大烏龜和中烏龜滿口答應，小烏龜走了。因為腹中空空，大中烏龜很快將自己的那份蛋糕吃完了。可是，小烏龜遲遲不見蹤影。

第三天，大龜中龜實在餓極了，不約而同地說：咱們還是把小龜的那份吃了罷。正當他們要動手吃時，隔壁傳來小烏龜的聲音：「如果你們敢動我的蛋糕，我就不回去取錢了！」

**大智慧：**

誠信最重要，疑心誤事多。當今社會人與人之間聯繫緊密，在這個地球村中，如果喪失了誠信，人類就會像三隻烏龜那樣三天吃不了一塊蛋糕。

## 我沒有蛀牙

小男孩看完牙醫，面帶微笑地回到家：「嘿，媽媽，牙醫說，我一顆蛀牙也沒有。」

媽媽驚訝地瞪大眼睛：「不可能——你每回上床睡覺前都把巧克力盒子裏的糖一下子吃完，而且從來不刷牙！」

這時，男孩兒張開了嘴巴——他的牙全被拔光了。

**大智慧：**

不能因為水髒就把髒水裏的孩子也一起潑掉吧！接受它，就包容它。

## 問夫人

法拉第是近代磁學的奠基人，但是在電燈、電動機、電話發明之前，不少人還懷疑電的用處。一位貴婦人在法拉第講演後挖苦說：「教授，你講的這些東西有什麼用處呢？」法拉第詼諧地說：「夫人，你能預言剛生下的孩子有什麼用嗎？」

**大智慧：**

懷疑是一件可貴的品質，科學的進步總源於科學家不懈的懷疑精神。但無道理的猜疑卻於事無補。

## 牧師

一年青牧師向老牧師請教：「怎樣才能吸引教民的注意力？」

老牧師答：「你可以說：『我一生中最幸福的時光是在一個女人的懷裏度過的。』」

年青牧師吃驚地看著老牧師。老牧師得意地說：「然後你說：『她就是我的母親。』」

年青牧師覺得這招不錯。在一次禮拜中，他向人們說：「我一生中最幸福的時光是在一個女人的懷裏度過的，」大家都吃驚地望著他。他很得意，卻把詞忘了。接著他說：「……可是……我卻記不起她是誰了。」

**大智慧：**

神聖的與低俗的永遠是彼此相忘的，即使你曾努力地將他們關聯起來。

## 沒收到信

約翰對大衛說：「我給你講一個故事吧」。

大衛說「OK！」

於是，約翰開始告訴大衛這麼一個故事。

某日，大天使對小天使說：「交給你一項任務，到人間走一遭。給我一個名冊，要記下所有玩陰謀詭計的人」。

一個星期後，小天使從人間回來，疲憊不堪，癱倒在大天使面前：「不可能，這是不可能完成的使命」。

大天使和藹地說「我的孩子，好好想想，要動動腦子」。

一天後，小天使又從人間回來。滿面春風：「給，這是一個名冊，上面記錄著人間所有不玩陰謀詭計的人」。

大天使將這個名冊交給上帝，上帝說：「好，給上面所有的人發一封信」。故事講完了。大衛迷惑不解：「接著講呀，信上說什麼？」

「看來你也沒收到信」，約翰說。

**大智慧：**

人不能總想著別人怎樣不好，比如不忠厚、不勤奮等等，事實上當你把時間用於指桑罵槐的時候，又怎會想到如何去提升和完善自己呢？

## 修理電話

有一位銀行家總喜歡在顧客面前誇耀認識許多名人。一天早上，他看到一位陌生人走進辦公室，立即拿起聽筒。「是的，閣下，您早，特別打電話給我實在不敢當。什麼？是今天嗎？不過很抱歉，我已經跟某國大使有約，改天我會打電話過去，非常抱歉，閣下！」

放下聽筒的銀行家，面對來客說：

「請問貴姓？有何貴幹？」

「我是電信局的技師，因為你們這兒早上電話不通，我是來修理的……」

**大智慧：**

故作姿態的人有時反會讓自己陷入尷尬，想想那種被當場揭穿的無地自容吧，也許就此你便懂得了坦誠最有可能展現人的魅力。

## 假電影票

甲：「我買到一張假電影票，這種人真缺德！」

乙：「假票呢？」

甲：「我把它轉賣給別人了。」

**大智慧：**

如果一個人沒有自我修養的品質，可不是什麼好兆頭。

我買到一張假電影票，
這種人真缺德！
假票呢？
我把它轉賣給別人了。

## 小兒麻痺

有一次在日本的地鐵中，有位患小兒麻痺的乘客在月臺慢慢地走向另一頭。此時有個調皮的年輕人在後頭學他一跛一跛的姿勢走了起來，不但從後頭追上他，甚至與他並肩同行了一段距離。患小兒麻痺的乘客不想理他，仍舊依自己的步伐前進，年輕人索性超前他，然後再放慢步調等他趕上來。此時，一位穿著西裝打領帶理平頭的男子從後面奔來，一腳踢在患小兒麻痺的乘客的身上，大罵：「人家小兒麻痺已經很可憐了，你還學人家！」接著拳頭如雨點打下……而那年輕人見景則遲遲不敢恢復正常，始終保持原姿勢前進……

**大智慧：**

也許上帝也有打盹的時候吧！某人應得的懲罰有時候會鬼使神差地落在別人頭上，但這並不值得慶倖，因為懲罰已經以另外的方式落在了他自己身上。

## 慈善事業

一天，蕭伯納應邀參加一個慈善團體的舞會。會上，他邀請一位身份平常的慈善團體女成員跳舞。這個女子不好意思地說：「您怎麼和我這樣一個平凡的人跳舞呢？」

蕭伯納回答：「這不是一件慈善事業嗎？」

**大智慧：**

如果有顆善良和慈愛的心，即使是再平凡的人，也會讓人尊敬。

## 鬧鐘

經理對年輕的助手深為不滿：

「您，小姐，每天早晨上班總要遲到，難道您家裏沒有鬧鐘嗎？」

「有是有，但它太討人厭了。每當我睡著時，它總是響個不停。」

**大智慧：**

當你把一種東西的優秀品質當成是它的缺點時，你已經失去了擁有它的意義。

## 作者與編輯

一位文抄公來到一雜誌編輯部。

「編輯先生，您讀過前不久我寄的那篇小說了嗎？」

「讀過了，年輕人，讀過了。記得我讀這篇小說的那個時候。你可能還沒有來到這個世界上呢！」

**大智慧：**

不要以為時間會遺忘什麼，即使是時光流逝，誠實依然是人們應當謹記的品質。

## 輸與贏

「為什麼您玩牌時總是那麼走運，可賽馬您卻一次都沒有贏過？」

「那是因為，無論如何我也不能把馬整個兒握在手裏。」

**大智慧：**

事物不但需要人用手把握，更要運用那可貴的理性。

## 旅遊者的疑問

導遊對旅遊者說：「女士們，先生們，你們面前的這座城堡是歷史上著名的亞歷山大國王的，它興建於幾個世紀之前。」

「為什麼非要把它建得離鐵路這麼遠呢？怎麼就沒考慮會帶來許多不便呢？」一位

旅遊者問。

**大智慧：**

善於提出和思考問題的人，絕不會混淆過去和現在。

## 反正你看不見我

某甲遇見一個人，那個人給了他一棵草，並對他說：「這是隱身草，只要你手裏拿著它，別人就看不見你了。」某甲就手拿這棵草來到市場上，旁若無人的抓起別人的錢就走。錢主抓住他揮拳就打。某甲說：「隨便你打，反正你看不見我。」

**大智慧：**

在別人看不見的時候如何行為，是對人格品質的一個考驗。

## 因禍得福

老教授習慣於專心致志地思考問題。

有一次，他去洗澡，忘了脫衣，便一屁股坐進浴盆拿起浴巾前前後後，上上下下地忙著擦洗起來。

突然，他發現自己沒有脫衣服，連忙一躍，從浴盆裏跳了出來。

「萬幸，萬幸！」他說著笑了，原來他忘了擰開水龍頭。

**大智慧：**

什麼是真正的專心致志？牛頓曾經給出過經典的解釋——專心致志是一種能夠將你身體與心智的能量鍥而不捨地運用在同一個問題上而不會厭倦的能力。專心是一種難得的品質。

## 打賭

看臺上，兩個素不相識的球迷爭吵了起來。

「甲隊准贏。說錯了，就把我姓倒寫！」

「甲隊准輸。否則，把我的姓橫寫！」

「你貴姓？」

「姓田，你呢？」

「姓王」

**大智慧：**

有些人的「英勇」表現並不能代表著他們具備「英勇」的本質，因為在那種行為的背後，他們根本就毫髮無損。真正的英勇，意味著有所犧牲。

## 嗓子

一個驕橫的女人問聲樂教授：

「你認為我的嗓子怎麼樣?唱什麼歌最合適?」

「當然，這是一副很有特色的嗓子，遇上火災或沈船時，它是大有用場的。」

**大智慧：**

驕橫源自於無知，真正有實力又有魅力的人都是謙卑的，因為廣博的知識使得他們能夠認清楚自己的位置。

## 語言美

「我做到了語言美。」

「怎見得?」

「凡是認識我的人，都說我說的比唱的還好聽。」

你認爲我的嗓子怎麼樣？唱什麼歌最適合？
當然，這是一副很有特色的嗓子，遇上火災或沉船時，他是大有用場的

**大智慧：**

仁者無敵，最有效的武器其實是真誠。實實在在地告訴對方你想說的，最樸實，最不講求技巧，反而最能贏得別人的信任。在與人交往時太注重技巧往往適得其反，只會讓你失去本色的魅力。

## 偉大的醫生

一位馳名的醫生臨終時對他周圍的醫生說，「我將留下三位偉大的醫生。」在場的所有醫生都希望，這位名醫生能將自己的名字作為他的繼承人提出。

這位名醫卻說：「這三位偉大的醫生就是：水、運動和正確的飲食。」

**大智慧：**

人們往往以為從醫生那裏能找到健康，其實藥物只會幫你暫時驅除某種病痛。不是說「以自然之道養自然之身」嗎，大自然講求的是和諧、融洽，因此，只有人的身體和心靈都養成良好的習慣，才能活得健康自然。

## 最好都穿去

阿凡提的妻子準備去參加一個婚禮，不知穿哪一件衣服合適，她花了足有一頓飯的功夫來試衣服，但還是舉棋不定，便問阿凡提：「阿凡提，您看我到底穿哪一件合適？」「假如穿了這一件，那件會生氣，如果穿了那一件，這件肯定又不高興，最好你把它們都穿去！」阿凡提回答道。

**大智慧：**

在一些非原則性問題上，無需左右搖擺不定，猶豫不決、優柔寡斷只會增添不必要的麻煩和累贅。

## 主人

小牛見母牛在農民的皮鞭下汗流浹背地耕田，感到很難過，就問：「媽媽，世界這麼大，為什麼我們一定要在這裏受苦，受人折磨呢？」

母牛一邊揮汗如雨，一邊無可奈何地回答說：「孩子，沒辦法啊！自從我們吃了人家的東西，就身不由己了，祖祖輩輩就這樣啊！」

**大智慧：**

優秀是一種習慣，擁有了好的習慣，你就擁有了成功的基因。

## 真實謊言

有位老兄帶著妻子及岳父開車經過舊金山的金門橋。剛開過橋，就被站在路邊的警察及舊金山市長攔住。警察滿臉笑容地對他說：你是自從金門橋建成後第五，〇〇〇，〇〇〇，〇〇〇，〇〇〇，〇〇〇個開車過橋的人，市長先生將發給你五千美金作紀念。

那老兄聽後高興得合不攏嘴。

警察問他，你拿了這五千塊錢將幹什麼？這老兄忙說：我正窮得連開車執照都辦不起，所以第一件事就是趕快去辦個執照。

他的妻子在一旁聽得直冒冷汗，趕快搶白跟警察說：別聽他瞎說，他一喝醉了酒就胡說八道！一直在車裏迷迷糊糊打瞌睡的老岳父這時醒來，看見那警察，氣得直嚷起來：你看你看，我早就跟你們說過，這偷來的車就開不遠！

**大智慧：**

永遠記住：人心最大的智慧就是誠實！人性最貴重的品質也是誠實！人間最大的美

德還是誠實！世界最大的祕密也正是真實！

## 如此作品

妻子：「結婚半年多了，怎不見你寫文學創作？」

丈夫：「我哪有那個天才呀！」

妻子：「結婚前，你在『徵婚啟事』上不是寫了『在晚報上發表過作品嗎？」

丈夫：「我指的就是那份『徵婚啟事』。」

**大智慧：**

狡猾的小聰明或許可以瞞騙一時，但終究是狐狸尾巴藏不住——原形畢露。因為只有真誠和坦蕩才是放之四海而皆準的大智慧！

## 不要命了

某日，王小二出門做客，主人先端上一盤豆腐，他很快猛吃起來，其他客人勸他吃慢點，王小二說：「豆腐就是我的命。」爾後客人又端上紅燒肉一盤，王小二見了又狼吞虎嚥起來，並說：「有了肉，我不要命了。」

**大智慧：**

我們常常下定決心或者海誓山盟，但如果那是基於幼稚和虛偽，是不是就太蒼白無力了呢？畢竟，生活的厚重和內心的真實不是輕易可以讓我們說出口的！

## 太太向我求情

怕老婆出了名的老李，卻在人面前不肯承認。

一天，他對朋友說：「昨天晚上太太跪下來向我求情。」朋友不信，追問他事情的經過，他才說：「太太跪在床邊，低頭向床底下說，你到底出來不出來？」

**大智慧：**

編造虛偽的謊言，刻意掩飾在意的真實。可是我們這樣做究竟掩飾了什麼？恐怕只是可憐虛弱的內心。而真實仍然堅強地站在那裏，或許，內心的堅強才是我們真正需要彌補的！

## 智慧

約翰在機場候機，閑來無聊站到一台體重機上，螢幕上馬上出現：「你是約翰，體重八十七公斤，飛往紐約」的字樣。約翰十分驚訝，他十分鐘以後戴著墨鏡又站到這台機器上，螢幕上馬上又顯出「你是約翰，體重八十七公斤，飛往紐約」，約翰更加感到神奇了，他跑進盥洗室刮掉鬍子，換掉衣服又來到這機器前，螢幕上馬上顯出「你仍是約翰，你的體重仍是八十七公斤，你的飛機已於二十分鐘前飛走了。」

**大智慧：**

生活中很多事情乍看起來不可思議，但是我們並不應該幼稚地對此妄加否定和懷疑。因為，真實永遠是值得尊重和探討的，還是讓我們保持一股孩子般天真的好奇心吧！

## 白板上的黑點

有位老師進了教室，在白板上點了一個黑點。

他問班上的學生說：「這是什麼？」

大家都異口同聲說：「一個黑點。」

老師故作驚訝地說：「只有一個黑點嗎？這麼大的白板大家都沒有看見？」

**大智慧：**

你看到的是什麼？每個人身上都有一些缺點，但是你看到的是哪些呢？是否只有看到別人身上的黑點；卻忽略了他擁有了一大片的白板優點？其實每個人必定有很多的優點，換一個角度去看吧！你會有更多新的發現。

## 疊被

教官：龜田，為什麼你的棉被總疊得比山本差？

龜田：報告長官，山本入伍前是做豆腐的，而我從軍前是做花卷饅頭的。

**大智慧：**

三歲看老，早期的經歷有可能影響你的一生。在你不知不覺中，你會顯露出來你最基本最熟悉的動作以及習慣來。

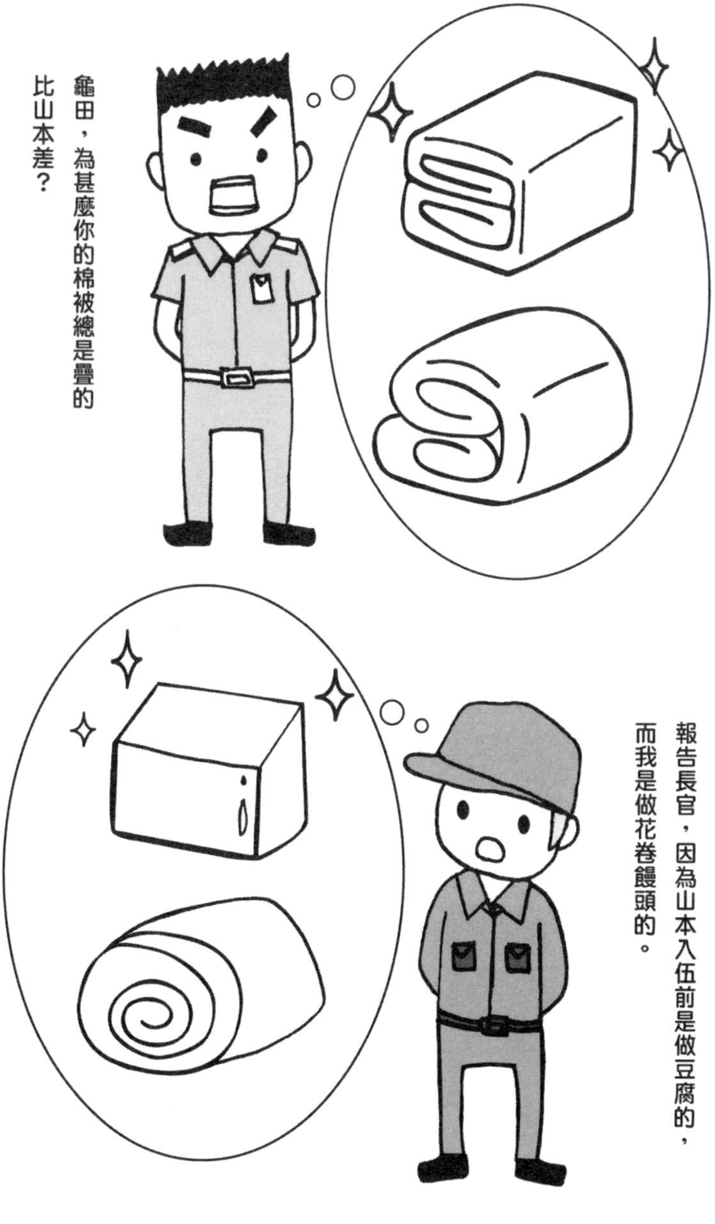
龜田，為甚麼你的棉被總是疊的比山本差？
報告長官，因為山本入伍前是做豆腐的，而我是做花卷饅頭的。

沒有試著
羊嗎?

你起碼也該
先去買一張
彩券吧!

奇怪!我太太和
情婦也在裡面!

# 搞笑沒那麼簡單

合

那我坐在
琴前行嗎

您應該先
秤秤您兒
子...

那您就趕快結
婚吧!

知道~老板說會給
兩百萬和一件貂皮
大衣

你知道做偽證會得到
什麼結果嗎

如果我能生一張您那樣
的臉蛋的話我準能拿到

笑談

# 積極的心態
# 與
# 樂觀

## 不必緊張

小明洗澡時不小心吞下一小塊肥皂，他的媽媽慌慌張張地打電話向家庭醫生求助。

醫生說：「我現在還有幾個病人在，可能要半小時後才能趕過去。」

小明媽媽說：「在你來前，我該做什麼？」

醫生說：「給小明喝一杯白開水，然後用力跳一跳，你就可以讓小明用嘴巴吹泡泡消磨時間了。」

**大智慧：**

Take it easy放輕鬆些，生活何必太緊張？事情既然已經發生了，何不坦然自在地面對。擔心不如寬心，窮緊張不如窮開心。

## 不敢不快樂

明朝有一個舉人名叫陳琮，性情灑脫。他曾在一個叫二里岡的地方建了一所別墅。這地方在城的北面，別墅前後密密麻麻，排滿墳墓。有人到他別墅拜訪後說：「睜開眼睛每天看的都是這些東西，心情肯定不快樂。」

而他卻笑道：「不，每天都看這些東西，就使人不敢不快樂！」

**大智慧：**

你是否快樂，並不取決於外在事物，而是取決於你看待外在事物的心態。

## 丑角雙薪

有一次，一個很傲慢的觀眾在演出的中場休息時間，走到俄國著名的馬戲丑角杜羅夫身邊譏諷地問道：「丑角先生，觀眾都非常喜歡你吧？」

「還好。」

「是不是想在馬戲班中受歡迎，丑角就必須具有一張愚蠢而醜怪的臉蛋呢？」

「確是如此，」杜羅夫說：「如果我能生一張您那樣的臉蛋兒的話，我准能拿到雙薪！」

**大智慧：**

真正的醜不是指相貌醜陋，也不是因為扮演「丑角」，而是一種不健康的心態。

丑角先生，觀眾都非常喜歡你吧？
還好啦！
是不是想在馬戲班中 受歡迎，丑角就必須有一張愚蠢而又醜怪的臉蛋呢？
確是如此，如果我能生一張您那樣的臉蛋的話，我準能拿到雙薪

## 傷心的故事

有三個人到紐約度假。他們在一家高級飯店的第四十五樓訂了一間套房。

一天晚上，大樓電梯發生故障，服務生安排他們在大廳過夜。

他們商量後，決定徒步走回房間，並約定輪流說笑話、唱歌和講故事，以減輕爬樓梯的勞累。

笑話講了，歌也唱了，好不容易爬到第三十四樓，大家都感覺精疲力竭。

「好吧！彼德，你來講個幽默故事吧！」

彼德說：「故事不長，卻令人傷心至極：我把房間的鑰匙忘在大廳了。」

**大智慧：**

樂觀的人生活中到處都是陽光，一件不幸的事情，他們也能用一種「幽默」的方式來看待。

## 失竊以後

富蘭克林．羅斯福曾任美國第三十二任總統，有一天家裡遭小偷，被偷去很多東西。他的朋友寫信安慰他。羅斯福也給朋友寫了一封回信：「親愛的朋友，謝謝你來信安慰我，我現在很平安，感謝上帝。因為：第一，賊偷去的不是我的生命；第二，賊只偷去我部分東西，而不是全部；第三，最值得慶倖的是，做賊的是他，而不是我。」

**大智慧：**

重要的不是情況糟糕不糟糕，而是你的心態和看事物的角度是好或不好。有時學點阿Q精神，就會海闊天空。

## 自嘲

富蘭克林想做一個實驗：用電流電死一隻火雞。不料接通電源後，電流竟通過了他自己的身體，將他擊昏過去。醒來後，富蘭克林說：「好傢伙，我本想弄死一隻火雞，結果卻差點電死一個傻瓜。」

**大智慧：**

樂觀是一種能力，能夠在任何環境中保持一顆快樂的心，便能夠更有把握地邁向成功！

## 自我消遣

克爾從小夢想自己有一輛摩托賽車。上大學的時候，他終於買了一輛摩托賽車。當天他騎車出去。突然被一輛大卡車撞倒，摩托車全毀。克爾回到學校，仍然很平靜，同學們都說他人很豁達。克爾自嘲地說：「我小時候想，總有一天我會有輛車，看起來，還真的有這麼一天，心滿意足了。」

**大智慧：**

豁達的心態是我們面對困難和災難時最好的方式。

## 作家選擇決鬥的武器

喬治．庫特林，法國知名的劇作家和幽默作家。有一次，一位自命不凡的年輕作者想顯現他的才華，便寫信給庫特林，藉著三個微不足道的理由向他提出決鬥，但這一封信實在上不了台面：字跡潦草，甚至有許多字拼字錯誤。

庫特林很快給他寫了回信：「親愛的先生，因為我是傷害你的一方，該由我來選擇決鬥武器。我要用『正字法』來決鬥。在接到這封信之前你就已經失敗了。」

**大智慧：**

是否能夠做好一件事情是一回事，態度是否正確又是另外一回事。如果態度不正確，你還沒有開始就已經失敗了。

## 舞會上

在用唱片播放舞曲的時代的舞會上。

有一位先生牽著舞伴飛速旋轉。舞伴頭暈目眩以至跌倒在地上。

「先生，為什麼您要旋轉的這麼快呢？你可知道這是慢四步啊！」

「什麼慢四步！」那個人喊了起來：「那唱片上明明寫著一分鐘三十三轉嘛！」

**大智慧：**

人生也是一個舞臺，需要每個人找到適合自己的節奏和步調，如此才能跳得精彩和從容。

## 餿主意

醫生問患者：

「是誰給您出的這個餿主意？告訴您蓖麻油可以治咳嗽？」

「是我的一個朋友。他對我說，我只要喝兩小勺蓖麻油，我就會把咳嗽忘掉。」

注：蓖麻油是一種瀉藥

**大智慧：**

有著比先前自認為痛苦還要更痛苦的程度時，回過頭來會發現那些曾經覺得忍無可忍的問題並不是想像中那樣嚴重。

## 掉頭髮

「大夫，我老是掉頭髮，您說是怎麼回事？」

「一般情況，這是因為病人焦慮過度引起的。您說說看，目前您最煩惱什麼問題呢？」

「我最煩惱，我的頭髮掉的太厲害。」

**大智慧：**

焦慮的可怕之處在於它帶給人一種壞情緒的惡性循環，要知道，焦慮唯一的能耐就是讓人更加焦慮，心情更加鬱悶。

## 運氣真好

一個騎自行車的人撞倒了一個行人。

「您的運氣真好啊！」騎車人安慰被撞的。

「你也不覺得不好意思！難道你沒看到，我的腿被你撞傷了嗎？」

「不管怎麼說，您的運氣真的不錯！今天我休假，不然我平時是開大卡車的。」

**大智慧：**

在遇到倒楣的事情的時候，我們不妨告訴自己：還好，事情沒有更糟！

## 老天無眼

小男孩和他年邁的祖母沿著海岸走著。一個巨浪呼嘯而至，將小男孩捲進了大海。六神無主的老奶奶跪倒在地上，舉目望蒼天，乞求上帝將她可愛的孫子還給她。呼——又一個大浪打來，將嚇呆了的小男孩沖到了沙灘上，落在她面前。這位老奶奶仔仔細細地將小男孩看了一遍，他毫髮無傷。可是老奶奶還是怒氣衝衝地朝老天瞪圓了眼。「我們來時，」她憤怒地喊道：「他可是戴著一頂帽子的！」

**大智慧：**

如果我們許了一個願望，而它終於實現了，即使不是那麼盡如人意，也是應該慶幸和感激的了。

## 該誰睡不著

半夜了，柯恩還在床上翻來覆去睡不著。老婆問他：

「你怎麼啦！不舒服嗎？」

「唉，」柯思歎道：「我欠街對面的納爾遜三百塊錢，明天就得還清。但我哪有錢呀！恐怕到天亮也睡不著了。」

「就這點小事兒？」老婆翻身下床，「你看我的。」

她走到窗前，推開窗戶，朝對面大聲喊道：

「納爾遜先生，你到窗口來聽好：我丈夫明天還不了你的錢！」嚷罷，她關上窗戶，對柯恩說：

「行了，你安心睡吧！現在輪到納爾遜睡不著了。」

**大智慧：**

如果煩惱對事情毫無助益的話，還不如乾脆把問題暫且拋開，至少好心情也是個不錯的開始。

## 下棋

有個人很喜歡下棋，自己認為棋下得很好。一天，他和別人下棋，一連輸了三盤。後來，有人問他：「前幾天你和別人下了幾盤棋？」他說：「三盤。」這個人又問：「勝負如何？」他回答說：「第一盤我不曾贏；第二盤他不曾輸；第三盤我要和，他不肯。」

**大智慧：**

對待挫折與失敗，有兩種態度：一種是從中看到自己的差距，努力進取，迎頭趕上；一種是不能正視自己的不足，諱疾忌醫。毫無疑問我們應該採取前一種積極的態度。

## 奮鬥不息

在飯店裡，兩個素不相識的人互相攀談起來。

甲說：「我是一個年輕有為的青年。先從最基層做起，以後才一直爬到頂峰。」

乙不禁肅然起敬。

「真了不起，那你奮鬥的經歷肯定非同一般，你是做什麼的？」

「從前擦皮鞋，現在是……」

乙沒等甲說完，連忙接上去說：「現在肯定是理髮師。」

「一點兒也沒錯！」

**大智慧：**

你可以胸懷遠大，但不要隨意輕視目前的自己。先從身邊的小事做起的，從能夠入手的地方開始，這不僅是一個在很多地方都很適用的寶貴原則，而且還會讓你獲得信心，還有快樂的心情！

## 假的好處

甲：「任何假的東西部不會給人帶來好處。」

乙：「你說的不全然是對的，我的假牙給我帶來了莫大的好處。」

**大智慧：**

如果說假的東西意味著生活中的不完美，那麼，不完美才是人生的真實寫照。在任何工作中，在任何事情上，都難免有不盡如人意的地方，但是只要你懂得享受生活，知道用另一種方式來看待生活，就會發現，原來的缺陷之處也能衍生出美麗的花朵。

## 最樂觀的人

貝爾被人稱為「最樂觀的人」。

這一天山洪暴發，大水漫過村莊。貝爾坐在自家屋頂上，高興的唱歌。

鄰居划著船到他家，大聲說：「貝爾，你的鴨子被沖走了！」

「沒關係，牠們都會游泳。」

「你的麥子也淹光了。」

「沒關係，今年反正是歉收年。」

「哎呀，水淹到你家的窗戶了！」

「太好了，我正準備擦洗窗戶，這下省事多了！」

**大智慧：**

擁有一個樂觀開朗的性格是人生最大的財富。

## 數羊

某人有失眠的困擾而求助於醫生。

醫生問：「沒有試著數羊嗎？」

病人回答：「當然有，當我數到五千六百四十八隻的時候，剛好天亮⋯」

**大智慧：**

這麼多隻羊在心頭縈繞——是不是說明我們心靈堆積的東西太多了呢？或許，甩掉一切雜念，空無一物，就能安然入睡⋯⋯超脫一點吧！心靈原本純潔無瑕。

## 哭喪

在百萬富翁的喪禮上來了許多人，其中一個青年人哭得死去活來。

「想開點吧！」不明真相的人們安慰他：「去逝的是您的父親嗎？」

「不是，」年輕人哭得更厲害了：「為什麼他不是我的父親啊⋯⋯」

**大智慧：**

生活最會和我們開玩笑，想要的沒有，不在意的卻自來——還是寬慰一下自己吧！

醫生，我一直失眠
你有沒有試著數羊呢？
有阿．．．當我數到五千六百四十八隻羊的時候剛好天亮
．．．

不必煩惱，是你的想跑也跑不了；不必徒勞，不是你的想得也得不到！

## 自信的老祖父

老祖父上洗手間的時候，發生了地震，當人們把他從廢墟中挖出來的時候，他哈哈大笑著：「太有意思了，我一拉馬桶蓋，房子就倒了。」

**大智慧：**

我們也許無力左右困頓的出現和災難的發生，但是，至少我們還可以操控自己心態的方向盤，未來究竟駛向何處？樂觀和積極向上才是最清楚的指標。

## 幸運

某商店遭竊賊光顧，第二天，店主對來查案的警察說：「感謝上帝，幸好強盜不是前天晚上來的而是昨晚才來的。」

「這有什麼不同？」探員問。

「昨天早上，我把全部的商品降價四十%，要是前天晚上來，我的損失可大了。」

**大智慧：**

事物本身的價值是客觀固定的，人內心的價值是無法衡量的。對於損失而言，樂觀者將其無限降低，悲觀者將其無限擴大。

## 開錯了窗戶

一個小女孩趴在窗臺上，看窗外的人正在埋葬她心愛的小狗，不禁淚流滿面，悲慟不已。她的外祖父見狀，連忙引她到另一個窗口，讓她欣賞他的玫瑰花園。果然，一掃小女孩之前的愁雲，心中頓時開朗。老人說：「孩子，你開錯了窗戶。」

**大智慧：**

生活也是如此，我們也是常常開錯「窗」，一旦看到了悲傷的一幕便久久沈積心底，無法排遣，甚至成為一生的累贅。我們從來不會想到，應該還有另外一扇窗，窗外的風景如畫。

## 性格改造

父親欲對一對孿生兄弟作「性格改造」，因為其中一個過分樂觀，而另一個則過分悲觀。一天，他買了許多色澤鮮豔的新玩具給悲觀孩子，又把樂觀孩子送進了一間堆滿雜物的車庫裡。

第二天清晨，父親看到悲觀孩子正泣不成聲，便問：「為什麼不玩那些玩具呢？」

「玩了就會壞了。」孩子仍在哭泣。

父親歎了口氣，走進車庫，卻發現那樂觀孩子正興高采烈地在雜物裡掏著什麼。

「告訴你，爸爸。」那孩子得意洋洋地向父親宣稱：「我想雜物堆裡一定還藏著寶藏。」

**大智慧：**

樂觀者在每次的危難中都看到了機會，而悲觀的人在每個機會中都看到了危難。悲觀的人先被自己打倒，然後才被生活打倒；樂觀的人先戰勝自己，然後再戰勝生活。心態不同，世界和生活的色調也不同，悲觀是一種毀滅，樂觀是一種拯救！

## 診費太貴

心理醫生：「我最近過於急躁，精神過於緊張，得找個心理醫生看看。」

朋友：「可是，你不是同行裡最出色的醫生嗎？」

心理醫生：「我知道，可是我的診費太貴。」

**大智慧：**可以很好的解決別人的問題，卻往往解決不了自己的問題。精明能幹的人，也需要一片釋放心靈的空間。

## 倒楣

「天啊！你的霜淇淋裡掉進了一隻蒼蠅！」

「算它倒楣，它會被凍死的！」

**大智慧：**站在不同的立場，可以得出不同的結論，好事可以變壞事，壞事也可以變好事。最重要的是擁有一份好的心態。

## 把狗叫進來

書房裡，吉米在寫作業，他爸爸在畫畫。兩人都非常專注。

吉米正抄到有關大雨的幾個形容詞，忽然想起媽媽吩咐過，下雨時要把曬在院子裡的被子收進來。

於是，他問父親：「爸爸，外面有沒有下雨？」

爸爸說：「我不知道。但有個辦法很簡單：把狗叫進來，看它身上濕不濕就知道了。」

**大智慧：**

專注於某件事情時，常會把其他的事情想的很複雜。其實很簡單：站起來，推開窗，外面就是一片天。

## 感謝上帝

有一個人發現自己的毛驢不見了，便大聲呼喊，「感謝您，上帝！」

周圍的人問他：「為什麼你的毛驢不見了還感謝上帝？」

他答道：「幸虧我沒騎在上面，要不，連我自己也會不見的。」

**大智慧：**

換一種角度去看待人生的失意與不幸，對生活時時懷著一份感恩的心情，則能使自己永遠保持健康的心態、完美的人格和進取的信念。這不純粹是一種心理安慰，也不是對現實的逃避，更不是阿Q的精神勝利法，而來自對生活的愛與希望。

# 為了一隻蟑螂

有一男子因輕度灼傷打電話叫救護車，結果送進醫院時卻是重度骨折。

當醫師詢問受傷原因時，男子就是不肯說明。而且，他一再要求救護人員負責賠償其醫藥費。

只見救護人員都在一旁竊笑，醫師不得已只好私下詢問救護人員怎麼回事。

原來這位先生的老婆非常怕蟑螂，那天傍晚突然有隻蟑螂出現，老婆拿起拖鞋拼命追打。好不容易打到了，但還不放心的多打了好幾下，然後把屍首丟進馬桶。可是蟑螂浮在水面上怎樣都沖不下去，老婆生怕蟑螂又會復活，就拿起殺蟲劑拼命往馬桶噴，噴了大概有三分之一罐才放心。

幾分鐘之後老公叼著根煙回來了，進門第一件事就是上廁所，順手把煙扔進馬桶裡。

「轟」的一聲，那個部位就灼傷啦！當然痛得走不動了，只好叫救護車。

由於公寓沒有電梯，救護人員只好抬著擔架走下樓，順口就問問是怎麼回事。

老婆一把鼻涕一把眼淚訴說蟑螂的可恨，救護人員聽完實在忍耐不住捧腹大笑，結果把擔架從樓上摔到樓下去了。

**大智慧：**

為了一些雞毛蒜皮的小事大動干戈，厄運就會隨之而來。

## 專注往前

有一位年輕人，到馬戲團拜師，要學習走鋼絲的功夫。

幾個月後，師傅認為年輕人已掌握了基礎技巧，便要年輕人走上鋼絲，正式練習。雖然地面已裝有安全網，可是在十多尺高的鋼索上，心裡實在戰戰兢兢的。走了十多步之後，那年輕人往下看，越看心裡越驚慌，差點兒失去重心。

就在這時，師傅在地面大聲喝了一聲：「向前看！」

**大智慧：**

你就是自己的師傅，當面對逆境和挑戰，記得對自己說：「向前看！專注往前，專注之中自有力量。」

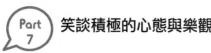

## 報仇

在馬德里，一場鬥牛賽剛剛結束。在這場比賽中，一位著名的鬥牛士受了重傷，他剛剛被抬進醫院不久，卻只見他全身多處纏著繃帶又從醫院走了出來。

「我一定要報仇！」鬥牛士向聚集在醫院門前的眾多崇拜者大聲疾呼。然後他開始沿街向前走去。人們緊跟著他，不知他要做什麼。

鬥牛士走進了一家酒館，坐在一張桌子旁，然後吩咐服務生：

「給我上兩份烤牛肉，烤得越焦越好！」

**大智慧：**

所謂勇氣是正面的對抗，而不是旁敲側擊的發洩。

## 巴爾扎克與小偷

巴爾扎克一生寫了無數作品，卻常常經濟拮据，窮困潦倒。有一天夜晚，他正在睡覺，有個小偷爬進他的房間，在他的書桌裡亂翻。

巴爾扎克被驚醒了，但並沒有喊叫，而是悄悄地爬了起來，點亮了燈，平靜地微笑著說：「親愛的，別翻了，我白天都不能在書桌裡找到錢，現在天黑了你就更別想找到啦！」

**大智慧：**

面對生活的困窘而堅持自己聖潔的追求，並保持著足夠的樂觀和心靈的平靜，這就是偉人超越凡人之處。

## 負數

數學家、生物學家和物理學家坐在街頭咖啡屋裡，看著人們從街對面的一間房子走進走出。他們先看到兩個人進去，過了一會兒，他們又看到三個人出來。

物理學家：「測量不夠準確。」

生物學家：「他們進行了繁殖。」

數學家：「如果現在再進去一個人，那房子就空了。」

**大智慧：**

一些簡單的問題，何必搞得那麼複雜？

## 也是第一名

這是一次殘酷的長跑角逐。參賽的有幾十個人，他們都是從各路高手中選拔出來的。

然而最後得獎的名額只有三個，所以競爭格外激烈。一個選手以一步之差落在了後面，成為第四名。他受到的責難比那些成績更差的選手還多。

「真是功虧一簣啊！跑成這個樣子，跟倒數第一有什麼區別？」這是眾人的看法。

這個選手若無其事地說：「雖然沒有得獎，但是在所有沒有得到名次的選手中，我名列第一！」

**大智慧：**

誰說跑第四名跟跑倒數第一沒有什麼區別。在競爭中，自信的態度，樂觀的心態，遠比名次和獎品更為珍貴。贏得起，也輸得起的人，才能獲得最大的成就。

## 綠燈時我們總是第一個

有一個人搭了輛計程車到一個郊區不大熟悉的地方。

一路上，他和司機有說有笑。但不知為什麼，一路上連續遇到五六個紅燈。眼看快到了路口，又碰到了一個紅燈。這個人隨口嘟噥著：「真倒楣！一路都碰到紅燈，就差那一步。」

司機轉過頭，露出一個自信的笑容：「不倒楣！上帝很公平，綠燈時我們總是第一個走！」

**大智慧：**

你的人生旅途，可以看見紅燈也可以看見綠燈。紅燈是讓我們停下來思考和欣賞的，人生旅途並不是一味的往前衝。紅燈時可以駐足觀賞，綠燈時可以一如既往，人生旅途，應如此面對。

## 逮野鴨

「怎樣才能逮住野鴨子呢？」

「去菜市場買一隻，在家裡養上半年，到時候就好逮了……」

**大智慧：**

完成一件事情，最大的喜悅應該來自於對困難的克服。如果為追求結果而避開困難，即使最終做到了也已失去了原來的意義。

## 一加一等於幾

一家銀行招聘會計主任，面試時只有一道十分簡單的考題：一加一等於幾？所有搶著回答的人均未被錄用。只有一個沈默不作聲的應聘者入選了。

原來，他等眾人散去之後，關上房間的門窗，把嘴湊到經理的耳邊問道：「您看應該是多少？」

結果，這個人被錄取了。

**大智慧：**

處大事者，須深沈詳察；幽默的人，有可能在處事拘謹者未曾想到的地方獲得成功。

## 取其精華

法國一家出版社的總編，有一天收到一位年輕的女小說家的來稿，連同小說原稿寄來的還有一大盒杏仁糖。看完了稿件，總編給她回了一封信：「你的杏仁糖很可口，我們收下了；可是你的小說太糟糕，我們不能收。以後只寄杏仁糖就可以了。」

**大智慧：**

不要試圖用投機取巧的方式去彌補你仍然覺得不夠的方面，很可能這是枉然的，因為你繞開了問題的實質。

## 非車不可

一個農夫牽著一頭牛，氣喘吁吁地在通往賽倫塞斯特的路上走著。這時，一位騎摩托車的人從他身邊經過，農夫急忙攔住他問：「到賽倫塞斯特還要多久？」

「是牽著牛走，還是不牽牛走？」他反問。

「牽著牛走，我想。」農夫說。

「那麼我回答不了，」他說，「我，以及所有的人，去那裡都是騎摩托車的。」

**大智慧：**

在生活中想要實現一個目標，並不是只有一種方法，當他人經常使用的那種方法，對我們來說是不可能實現的時候，只要我們堅持並具有足夠的耐心，成功一樣屬於我們。

# 奇遇

阿比和阿弟到酒吧買醉，裡面僅有兩個女客人，走在前面的阿比忽然跳出來，低聲跟阿弟說道：「快走吧！想不到我太太和情婦都在裡面。」阿弟探頭一看，臉色大變道：「奇怪！我太太和情婦也在裡面。」

**大智慧：**

生活充滿了奇遇和巧合，是天造，抑或人為，並不重要——重要的是用真摯的眼眸去看待，用勇敢的心去面對。

酒
酒
快走吧!想不到
我太太和情婦
都在裡面!
酒
酒
奇怪，我太太和
情婦也在裡面!

# 搞笑沒那麼簡單

沒有試著
羊嗎?

你起碼也該
先去買一張
彩券吧!

奇怪!我太太和
情婦也在裡面!

那我坐在
琴前行

您應該先
秤秤您兒
子…

那您就趕快結
婚吧!

知道～老板說會給
兩百萬和一件貂皮
大衣

你知道做偽證會得
什麼結果

如果我能生一張您那樣
的臉蛋的話我準能拿到

笑談

# 心胸的豁達與寬廣

## 蝙蝠的問題

三個南部的牧師在一家小餐館裡吃午飯。其中的一個說道：「你們知道嗎？自從夏天來臨，我的教堂閣樓和頂樓就被蝙蝠侵佔，我用盡了一切辦法——噪音、殺蟲劑、貓……等等，似乎什麼都不能把牠們趕走。」

另外一位說：「是啊，我也是。在我的鐘樓和閣樓也有好幾百隻。我曾經請人把整個地方用煙熏消毒一遍，牠們還是趕不走。」

第三個牧師說：「我為我那裡的所有蝙蝠洗禮，讓牠們成為教會的一員……從此一隻也沒有再回來過。」

**大智慧：**

為什麼非要帶著敵對的目光來打量身邊的事物呢？如果你改變一下看待問題的方式，歡聲笑語就會時常伴隨著你。

## 別擋住了我的陽光

哲學家迪歐根尼這位銀行家的兒子放棄了萬貫家產，棲身於一個大木桶中曬太陽，捉蝨子，思考哲學問題。馬其頓國王亞歷山大大帝來到科林特市時，拜訪了這位哲學家，並且對他說：「迪歐根尼先生，只要你告訴我你需要什麼，我會馬上送給你。」

迪歐根尼聽罷，躺在木桶裡抬了抬眼皮，說：「那就請你站到旁邊，別擋住了我的陽光。」

亞歷山大對身邊的人說：「如果有來生的話，我願意做迪歐根尼。」

**大智慧：**

生活就是這樣簡單。人們應當善待生命，用大量的時間做自己喜歡的有價值的事情。

## 從天而降

朋友們總在勸瑪麗：「你年紀不小了，該結婚了。這事你得主動些，難道你還打算坐在家裡等你的丈夫從天上掉下來嗎？」後來瑪麗真的結婚了，和一個傘兵，他在一次跳傘訓練時誤降落在瑪麗的院子裡。

**大智慧：**

奇蹟是存在的，但我們不能依靠奇蹟生活。自己的幸福要自己把握，自己主動去爭取，尤其是愛情。

## 絕妙的問題

某人問醫生：「請問醫生，我怎樣才能活到一百歲？」

「第一：戒酒。」「我從不喝酒。」

「第二：戒色。」「我一點也不討女人喜歡。」

「第三：少吃肉。」「我是個素食者！」

「那麼您為什麼想活這麼久呢？」

**大智慧：**

一百年的痛苦不如一天的幸福。

## 哭泣的丈夫

三個人死後進入天國。當他們到達時，聖彼得問第一個人，生前是否忠於他的妻子。此人承認做錯了兩件事。聖彼得說他只能得到一輛小型轎車。然後聖彼得又問第二個人是否忠於自己的妻子，第二個人承認做錯了一件事。聖彼得說他可以得到一輛中型轎車。第三個告訴聖彼得，直到死他都一直忠於妻子。聖彼得誇獎了他並贈給一輛豪華轎車。

一星期後，三個人開著車外出，碰上紅燈，他們全停下來。坐在小型車和中型車的兩個人看到豪華車上的人正在哭，於是就問他：「你有了那麼好的車，還哭什麼？」那人說：「我剛看到我妻子，她踩著一輛破腳踏車。」

**大智慧：**

有時候，瞭解事情的真相並不一定會更快樂，也許「難得糊塗」會更好些吧！

## 沒有女人緣

有一男子，總認為自己非常沒有女人緣，於是就去教堂祈禱：「請上帝賜我一群女人在我身邊服侍我。」可是非常不幸，他剛剛走出教堂，就被一輛車撞倒住進了醫院。躺在病床上的他心想：「上帝怎麼這麼不公平……」正想到這兒，護理長突然帶著二十名漂亮的實習生走到他的病床前，並對她們說：「這名患者因交通事故無法動彈，你們首先要教他如何使用便盆。」

**大智慧：**

與健康比較起來，其他的都微不足道，但我們總是抱怨得到的太少。幸福，是需要健康的身體去享受的。

## 夢和現實

房東太太發現一個流浪漢睡在公園的長凳上。她大發慈悲，讓他住進自己出租公寓中最好的房間去。

第二天早上，流浪漢來到她的跟前致謝，並說，自己寧願回到公園的長凳上去。她說：「為什麼呢？這裡不好些嗎？」他回答說：「我多謝你的好意。可是當我睡長凳時，常常夢見自己睡在又暖又軟的床上；但昨天晚上，我卻夢見自己仍然睡在冰冷的長凳上，難受極了！」

**大智慧：**

人總是以為夢想實現就是幸福，而事實上卻並非如此。

## 什麼是「快樂」

德國人、法國人和一位俄國人聚在一起談論什麼是「快樂」。

德國人說：「快樂就是你在辛苦地工作完一天後，躺在自己舒服的沙發上，喝著啤酒，看著精彩的球賽……」

法國人說：「快樂是你在星期六的夜晚，與心儀已久的金髮美女，共度浪漫良宵……」

這時，俄國人說了：「真正的快樂，是在深夜裡，你突然聽到急促的敲門聲，打開門一看，是一群祕密警察，他們拿著槍指著你說：『格拉吉夫你被捕了』而你告訴他們：『格拉吉夫住在隔壁』」

**大智慧：**

每個人都有快樂的標準，其實，真正的快樂在心間。無論你是以什麼樣子存在於這個人世間，自我的體驗和感受永遠是你快樂的源泉。

## 事實驗證

「從前有一個農村，在晚上集合許多人在那聊天，談論時事與談天說地。在談論中講到某甲，某乙說：「某甲這個人的品德高尚，人也很仁慈，只是很可惜也有一個缺點。」「什麼缺點？」，有人問，某乙又說：「某甲雖是一個好人，可是脾氣爆躁一點，做事也很魯莽。」

剛好這時某甲從這裡經過，聽到有人這樣批評他，便衝進門來暴跳如雷地說：「我什麼時候爆躁？」

於是舉手就打某乙，旁人說：「你怎麼可以打人呢？」「我怎麼不可以，他說我脾氣爆躁，做事魯莽，我什麼時候爆躁和魯莽？你們說？」

眾人說：「你現在發脾氣不是爆躁，舉手打人不是魯莽是什麼？」某甲因理虧而不好意思地走了。

**大智慧：**

人一旦太虛榮，愛面子，必然非常介意別人對自己的看法。凡事在意的態度，便會感到別人都在注視著自己，而自己的言行舉止，即刻變得不自在，不自然，不快樂了。

## 貪得可怕

從前有個人很貧窮，生平信仰呂祖，呂洞賓為其熱誠感動，便下凡來，到了那人家裡，一看他那麼窮，非常的同情他，便伸出個手指點了點庭院中的一塊磐石，磐石即刻成了閃閃發亮的黃金，呂洞賓問那人：「你想不想要這東西呀？」那人回答道：「不，不想。」

呂洞賓高興地說：「你這人不貪財物，很有誠意，我可傳授一些仙道給你。」那人卻急忙地說：「不，不是的，我是想要你這個指頭。」呂洞賓一聽嚇得把黃金變回磐石，拔腿就走，這人要把我手指給剁了，太狠了！

**大智慧：**

人常說：「知足常樂」，本來就可以擺脫貧苦日子，結果因為「貪得無厭」，結果什麼也沒有得到。奉勸日常生活的人們——知足就好，適度更好！

## 幸福的祕訣

西吉斯蒙德擔任神聖羅馬帝國君主。有一回，他在宮廷裡大談人生哲學，有一個大臣就問他：「在這個世界上，人是這樣的脆弱，而且終究不免一死，那麼怎樣才能獲得較為持久的幸福？有沒有什麼祕訣？」

君主胸有成竹地回答：「當然有，那就是只要在健康時把那些生病時只能拜託別人去做的事都做完，就會獲得持久的幸福。」

**大智慧：**

幸福是缺憾的滿足，如果你不斷為自己製造缺憾，又不斷地滿足這些缺憾，那麼，你就獲得了持久的幸福。

## 正直的賊

「做人，到底是正直的好。」

「為什麼？」

「我偷了一隻狗，賣給人家，誰都不要，後來送還原主人，他們很高興，倒給了我三千元。」

**大智慧：**

做一個正直的人比做一個卑鄙的人不僅僅快樂得多，也收穫的多。

## 物價上漲

乞丐甲：「最近物價漲得太厲害了。」

乞丐乙：「可不是，生意都不好做。」

乞丐甲：「工作難找，大學畢業生都在家閒待著呢！」

乞丐乙：「看來我們真幸運，物價上漲、生意難做、工作難找跟我們一點兒關係都沒有。」

乞丐甲：「小聲點兒，我們可不能太張揚，否則就麻煩了。」

**大智慧：**

沒有自知之明著實是一件最悲哀的事情，即使你的情緒在此刻是多麼愉快，那究竟是一種虛假的快樂。

## 大難臨頭時

有一次在海上旅行，威靈頓公爵乘的小船遇上了風暴，有沈沒的危險。船長匆匆趕到威靈頓的包艙，說：「我們就要完蛋了。」

威靈頓正想上床睡覺，便說：「那好，我就用不著脫鞋了。」

**大智慧：**

真正的樂觀是「泰山崩於前而面不改色」的冷靜，而不是對任何事情都滿不在乎的漠然。

## 母親的煩惱

兩個婦女在交談。

「我的女兒無論什麼都不對我講，我簡直拿她毫無辦法。」

「我的女兒是無論什麼全都對我講，簡直讓我煩死了。」

**大智慧：**

過與不及都是令人煩惱的根源。

## 動工

醫生：「您的膽囊裡有結石；您的腹腔裡有積水；您還患有白內障……」

病人：「大夫，請您再為我檢查一下，看什麼地方有黏土，那樣我就可以動工了。」

**大智慧：**

最好的幽默是一種對於生活的樂觀和豁達。

## 煩透了

「我真的是煩透了！」上年紀的女僕對年輕的女僕發牢騷：「妳知道嗎？我整天都被迫地重覆著一句話：『是，太太！』、『是，太太！』、『是，太太！』」

「我也煩透了！」年輕女僕回答道：「我也是整天都在重覆著一句話；『不，先生』、『不，先生！』、『不，先生！』」

**大智慧：**

每個人都有自己的煩惱。所以，不要老是羨慕別人，好像別人永遠快樂，而你總是陷入煩惱的汪洋大海中無法脫身。

## 需要

「如今，豪華的別墅你有了！高級的進口車你也有了！你大概再沒什麼需要的了。」

「需要……」

「什麼？」

「需要證明我不在失竊現場。」

**大智慧：**

相對於車子、房子、金錢等等，其實人最需要的是內心的平安。

## 青蛙的命運

有一天，一隻青蛙給牧師打電話，問自己的命運。

牧師說：「明年，有一個年輕的姑娘會來瞭解你。」

青蛙高興的跳了起來：「哦，真的嗎？是在王子的婚禮上嗎？」

牧師說：「不，是在她明年的生物課上。」

**大智慧：**

過於牽強的虛幻與奢望，只會讓我們更加痛苦。自知之明會讓我們獲得更加切合實際的幸福。

## 擔心漲價

「你聽說了嗎？漢斯，汽油又要大漲價了。」

「你有什麼好擔心的呢?你又沒有汽車。」

「但我有打火機啊!」

**大智慧:**

古人道:「不以物喜,不以己悲」,但在現實生活中,為微小利益的得失而煩憂的又豈是少數,這些人其實是在一點一點的剝奪自己的快樂。

## 卜卦

算命師對小夥子說:

「明年你的運氣會較好的,你會娶到一個非常漂亮且留著烏黑秀髮的姑娘,她還會給你帶來千萬現金的嫁妝。」

「太謝謝了,算命師。我理應加倍付給您卜卦的錢,但一時手頭拮据,是不是等我結婚時再付給您!」

**大智慧:**

對於人來說,幸福的婚姻意味著一個男人,找到了他能夠相依為命的那個女人,而不是找到了能充當銀行的另一半。

## 給踢人的驢子一腳

希臘大哲學家蘇格拉底，有一天和一位朋友在雅典城裡散步。忽然有位魯莽的人用棍子打了他一下就跑了。

他的朋友看見，立刻回頭要找那人算帳。但蘇格拉底阻止了他，朋友奇怪地問：「難道你怕這個人嗎？」

蘇格拉底笑著說：「老朋友，你糊塗了，難道一頭驢子踢你一腳，你也要還牠一腳嗎？」

**大智慧：**

和愚蠢的人較量就會變得更愚蠢，真正快樂的人是超脫於日常生活之上的，他絕不會睚眥必報。笑看世間萬物風雲，你會變得大智大勇。

## 她是我媽

有一天，勞森走過戲院門前，看見一位衣裳破爛的婦女擺攤賣報，她嗓子都喊嘶啞了，懷裡還抱著嬰兒，嬰兒已經睡著了。

勞森想幫忙，連忙拿出錢來買她的報紙。

正在這時，又跑來一個小孩，拿著報，用嘶啞的聲音喊：「賣報！賣報！」

勞森望望這可憐的孩子，又望望那可憐的女人，不禁躊躇了。到底買誰的好呢？那小孩看出來了，很有禮貌地對勞森說：

「先生，不要緊！我們是同一家人。她是我媽。」

**大智慧：**

愛能激發更多的愛，愛能讓人超越世俗的利益。

## 有力的警告

燈塔管理員訂了一份周報。郵遞員每次給他送報，心裡都很不高興，因為為送這份報紙要划一小時船，太麻煩。

這一天，郵遞員又滿臉不耐煩地把報紙送到燈塔處。燈塔管理員不動聲色地說：

「下一次請笑著來，否則我馬上訂一份日報！」

**大智慧：**

如果一個人熱愛自己所從事的工作，他就會在自己的工作過程中感覺到快樂。

# 三根頭髮

有一個人只有三根頭髮。一天，他到一家非常有名的髮廊內準備要做個造型。
髮型設計師：「請問你要設計什麼樣的髮型呢？」
顧客：「嗯……我沒什麼意見，你拿主意好了。」
髮型設計師：「那我幫你編辮子。」
在綁辮子的過程中不小心掉了一根頭髮：
髮型設計師：「先生，先生，有一根頭髮掉了，怎麼辦呢？」
顧客：「哦，不要緊；那請你幫我梳個中分的髮型好了。」在梳頭髮的過程中，又掉了一根頭髮。
髮型設計師：「先生，先生，又掉了一根頭髮了。」
顧客：「那算了，我披頭散髮的回去好了。」

**大智慧：**

樂觀的人眼中，無論發生什麼事情，後果都是可以接受的，並且，因為接受而心滿意足。

## 組裝

媽媽懷孕了，四歲的小寶百思不得其解，他想知道，未來的弟弟或妹妹是如何生出來的。爸爸耐心地跟小寶解釋說：「一開始先生出頭，再生出身子，最後是兩條腿，懂了嗎？」

「懂了，爸爸。然後你用螺絲把它們組裝起來，對吧！」

**大智慧：**

我們似乎習慣了叫苦連天——生活累啊！人生煩啊！可是有沒有想過，是不是我們自己把生活組裝得太過複雜？不如拋開那些繁瑣——簡單一點吧！

## 我也一直站著

這天，柯立芝正埋頭辦公，忽然一位崇拜柯立芝的夫人闖了進來，對他前一天的演講表示祝賀並說：「那天大廳裡人山人海，我根本無法找到一個座位，一直站著聽完了您的全部演講。」

這位夫人用著帶委屈的口氣說了這話，顯然想以此換得幾句安慰話。不料，柯立芝冷漠地說：「並不是你一個人站著，那天我也一直站著。」

**大智慧：**

當我們覺得被別人或生活虧待了的時候，往往會顧影自憐。但是，當我們勇敢地抬起頭的瞬間，你一定會發現在陽光下大家一樣真實的影子——頓覺豁然開朗。

## 打電話

深夜三點半，電話鈴突然響起，「這是三溫暖中心嗎？」電話那頭問。

「這是私人住宅，笨蛋！」王先生被電話驚醒，氣憤地說。

「那你為什麼只穿內褲來接電話？」

**大智慧：**

別人對我們無來由的惡意攻擊，經常是因為他們找到了能讓他們嚼舌根的事，我們卻無法辯解事由的所在。其實這個時候，我們只要一笑置之，他們便立刻會覺察到他們自己的幼稚與無聊。

## 寬大為懷

畢卡索對冒充他的作品的假畫，毫不在乎，從不追究。看到有偽造他的畫時，最多只把偽造的簽名塗掉。

「我為什麼要小題大做呢？」畢卡索說。

「作假畫的人不是窮畫家就是老朋友。我是西班牙人，不能讓老朋友為難。而且那些鑑定真跡的專家也要吃飯，而我也沒吃什麼虧。」

**大智慧：**

君子坦蕩蕩。寬容有的時候是對別人最大的恩惠，一個小小的不經意的或者有意的寬容都能夠讓人得到幸福，何樂而不為呢？

## 不反抗

「您說您遇到了三個歹徒，他們毒打您，撕破了您的衣服、搶走了您的錢包。為什麼您當時不反抗呢？」

「我不想同他們一般見識……」

**大智慧：**

人的寬容應該有其道德和法律的限度，一味地妥協會讓人覺得是有意地縱容他人，或是出於自身的懦弱。

## 頭一次看見

「法官先生，有人罵我，說我像一頭犀牛。我能不能控告他？」

「當然能。他是什麼時候罵的呀？」

「一年以前的事了。」

「都你早該控告他了。」

「可是我昨天才第一次看見犀牛呀！」

**大智慧：**

生活中的一些無知有時反能助長你的快樂，或者你能夠做到去忽略那些讓你不快樂的真相。

# 吃豬肉

有一個傻瓜想吃豬肉，但又不知怎麼吃法，就跑到豬肉攤裡去請教。豬肉攤裡的老闆答道：「用刀剁碎，煮熟便可以吃。」

「刀要到何處買？」

「刀鋪裡去買。」

於是傻瓜在刀鋪裡買了一把刀。他右手拿刀，左手拿肉，走在街上。不料，剛出城，猛地從空中飛下一隻禿鷹將肉叼走了。

傻瓜不去追禿鷹，卻仰首笑道：「哈哈！這隻傻禿鷹。你沒有刀，把肉叼走，我看你怎麼吃！」

**大智慧：**

世界上沒有兩片完全相同的葉子，更何況是動物與人。自己的短處不一定是別人的短處，又怎能用同樣的標準去衡量呢？

# 帽帶

春秋時期，楚王請了很多臣子們來喝酒吃飯，席間歌舞妙曼，美酒佳肴，燭光搖曳。同時，楚王還命令兩位他最寵愛的美女許姬和麥姬輪流向各位敬酒。

忽然一陣狂風刮來，吹滅了所有的蠟燭，漆黑一片，席上一位官員乘機揩油親澤，摸了許姬的玉手。許姬一甩手，扯了他的帽帶，匆匆回到座位上並在楚王耳邊悄聲說：「剛才有人乘機調戲我，我扯斷了他的帽帶，你趕快叫人點起蠟燭來，看誰沒有帽帶，就知道是誰了。」

楚王聽了，連忙命令手下先不要點然蠟燭，卻大聲向各位臣子說：「我今天晚上，一定要與各位一醉方休，來，大家都把帽子脫了痛快喝一場。」

**大智慧：**

「窺見傭人偷吃，只可咳嗽，不必大叫。」人非聖賢，孰能無過。很多時候，我們都需要寬容，寬容不僅是給別人機會，也是給自己機會。

## 騷擾鄰居

有一個喜歡投訴的人，三番兩次跑到警察局去，要警察把鄰居抓起來。局長把法律條例詳讀一遍，歎了一口氣說：「不能定罪，除非你控告他騷擾鄰居。」

**大智慧：**

如果我們真的想要不顧一切的達到某一種目的的時候，代價可能就必須是由我們自己負責。

## 幸福

法官對被告說：「你不但偷錢，還拿了手錶、戒指和珍珠。」

被告說：「是的，法官先生，人們不是常說光有錢並不會得到幸福嗎？」

**大智慧：**

貪婪的人的眼中，世俗的一切道理都是可行的。只不過，是一定要行在他們的世界裡。

## 慈善家

「保爾，你父親的職業是什麼？」

「他是慈善家。」

「他都做些什麼呢？」

「剛開始，他存錢是為了幫助那些無家可歸的工人。以後當他把房子蓋好後，他就把房子租給他們。」

**大智慧：**

看似為別人著想，其實不過是為了實現一己之私，這是虛偽的人慣用的伎倆。

## 討債

有一個顧客的餘款欠得時間太長了，老裁縫決定親自登門去討債。當他來到那個顧客家時，正趕上那個人在宰殺一隻肥大的火雞。

「陳先生，」老裁縫開門見山：「您還不還給我那筆餘款嗎？」

「呵，我的朋友，我實在沒有錢，請再等一等……」

「沒有錢？那您怎麼還宰殺火雞呢？」

「您別誤會，這是因為我實在拿不出什麼東西來餵它……」

**大智慧：**

貪婪與吝嗇是一對互不嫌棄的孿生兄弟。

## 決不收禮

某承包商因為生意上的原因，準備用一輛新型、豪華的進口轎車向一位議員行賄。

這位議員卻板起臉說：「先生，以高品德準則以及我本人的基本榮譽感，都不允許我接受這樣的禮物！」

承包商說：「我能理解您的身份地位，這樣吧！我以一千元的價格把這輛車賣給你。」

議員考慮了片刻，欣然答道：「既然如此，我就買兩輛。」

**大智慧：**

慾望像是一塊海綿，並不會因為你的點滴之惠而有所收斂，只要接觸到水源，它的需求便會膨脹。

## 待在家裡幹嘛！

「今年夏天你們一家去那兒度假了？」

「我的女兒去了瑞士，兒子去了印度，妻子去了巴黎，他們都走了，我還待在家裡幹嘛？他們一走我就去了監獄……」

**大智慧：**

無所是事未必是好事情。

## 作偽證的結果

有一個在被掏空的公司當祕書的女子出庭作證。

法官嚴厲地問：「你知道作偽證會得到什麼結果嗎？」

「知道，老闆說會給二百萬和一件貂皮大衣。」

**大智慧：**

當一個人面臨誘惑時，他所有的思考方向就只有誘惑本身，除此之外，均不在思索範圍之內。

你知道做僞證會得到
什麼結果嗎?
知道～老闆說會給
兩百萬和一件貂皮
大衣!
法官
證人

# 搞笑沒那麼簡單

你沒有試著
數羊嗎?
你起碼也該
先去買一張
彩券吧!
奇怪!我太太和
情婦也在裡面!
那我坐
琴前行
哈
您應該先
秤秤您兒
子...
那您就趕快結
婚吧!
知道~老板說會給
兩百萬和一件貂皮
大衣
你知道做偽證會得
什麼結果
如果我能生一張您那樣
的臉蛋的話我準能拿到

笑談

# 堅定的意志和信念

## 失去與相信

有一個人，被判了死刑。在刑前，他向國王保證：「陛下，在一年之內，我能教會陛下的馬飛翔。如果不能，您可以判處我酷刑。」

於是，國王判了他緩刑。他心想：「在一年之內，國王有可能死去；如果國王沒有死去，我也許會死去；如我不死，也許，國王的馬真會飛翔起來哩！」

**大智慧：**

與其失去一切，還不如相信奇蹟的出現！

## 真理

「你覺得什麼東西最近？」

「當然是死亡。」

「那你說什麼東西最遠？」

「當然是希望。」

**大智慧：**

選擇放棄是再輕易不過的了，最難的是堅持自己的理想和追求。

## 成功的祕訣

一名記者採訪某著名銀行的總裁，想探知他成功的祕訣。

「你是如何獲得成功的？」

「五個字——正確的決定！」

「怎樣做出正確的決定？」

「二個字——經驗！」

「怎樣獲得經驗呢？」

「五個字——錯誤的決定！」

**大智慧：**

成功是一個充滿失敗的過程，一方面承受失敗，同時不放棄向成功前進的努力。請相信，這是很多過來人的經驗之談。

## 賣傘者

「下吧，雨下得越大我越高興。」

「你真是個樂天派。」

「不，我是賣雨傘的。」

**大智慧：**

誰不會在順境中心情舒暢呢？真正的樂天是在逆境中，依然保持自己的信心和努力。

## 家裡也不安全

有位水手正準備出海遠航，朋友問他：「你父親是怎麼死的？」

「死於一次航海事故。」

「你祖父呢？」

「也死在海上。一次突如其來的熱帶風暴，奪去了他的生命。」

於是朋友勸道：「那你為什麼還要當水手去航海呢？」

水手淡然一笑，反問道：「你父親是怎麼死的？」

「死在家裡。」

「你祖父呢？」

「也死在家裡。」

「親愛的朋友，那你為什麼還要待在家裡呢？」

**大智慧：**

生命的活力來自一種執著堅定的信念，若僅僅追求生活的安逸，活著無非是一個等待死亡的過程。

## 瞭解自己

正逢收割時期，農場急需人手，於是農場主人想請湯姆幫忙。湯姆想了想問道：

「你會給我多少錢？」

「我會視你工作的情形而定。」農場主人誠懇地回答。

湯姆想了一會兒，不久便搖頭說：

「這樣的話，我大概拿不到多少錢。」

**大智慧：**

一個人意識到了自己的不足，接下來要做的就是努力去改進。記住，別人對你的信心來自於你對你自己的信心。如果連你自己都覺得「是的，我就是這樣了，不會更好了」，那別人又怎能看好你呢？

## 文章簡潔的祕訣

海明威是美國的一位著名的作家，他的文章和作品素以精練、富有新意而著稱。有一次，有個記者向他請教文章簡潔的祕訣，海明威直截了當地回答說：「我站著寫作，而且用一隻腳站著。我取這種姿勢，使我處於一種緊張狀態，迫使我盡可能簡短地表達我的意思。」

**大智慧：**

人之所以能夠在自己的行業超越他人，不是因為他是什麼天才，而是他以堅強的意志先超越了自己。

## 釣魚

眾所周知，釣魚的人要少說話，少活動。

據說有兩個釣魚的人坐船來到海上垂釣，整整四個小時沒說一句話，也沒動一次。就在這時，其中一人抬了一下腿。於是他的夥伴告訴他：「你聽著！這四個小時裡你已抬了兩次腿了。你到底是來釣魚還是來跳舞？！」

**大智慧：**

只有對感興趣的事情，人們才會全心全意地去投入，而對所有的辛勞渾然不覺。

## GOOD MORNING SIR！

陳阿土是在鄉下長大的農民，從來沒有出過遠門。存了半輩子的錢，終於參加一個旅遊團出國去了。

國外的一切都是非常新鮮的，關鍵是，陳阿土參加的是豪華團，一個人住一間豪華套房，這讓他新奇不已。

早晨，服務生來敲門送早餐時大聲說道：「GOOD MORNING SIR！」

陳阿土愣住了。這是什麼意思呢？在自己的家鄉，一般陌生的人見面都會問：「您貴姓？」

於是陳阿土大聲叫道：「我叫陳阿土！」

如是這般，連著三天，都是那個服務生來敲門，每天都大聲說：「GOOD MORNING SIR！」而陳阿土亦大聲回道：「我叫陳阿土！」

但他非常的生氣。這個服務生也太笨了，天天問自己叫什麼，告訴他又記不住，很煩的。終於他忍不住去問導遊，「GOOD MORNING SIR！」是什麼意思，導遊告訴了他，天啊！！真是丟臉死了。

陳阿土反覆練習「GOOD MORNING SIR！」這個詞，以便能體面地應對服務生。

又一天的早晨，服務生照常來敲門，門一開陳阿土就大聲叫道：「GOOD MORNING SIR！」

與此同時，服務生叫的是：「我叫陳阿土！」

**大智慧：**

這個故事告訴我們，人與人交往，常常是意志力與意志力的較量。不是你影響他，就是他影響你，而我們要想成功，一定要培養自己的影響力，只有影響力大的人才可以成為最強者。

## 成功的祕訣

一個愛說廢話而不愛用功的青年，整天纏著大科學家愛因斯坦，要他公開成功的祕訣。

愛因斯坦厭煩了，便寫了一個公式給他：A＝x＋y＋z。愛因斯坦解釋道：「A 代表成功，x 代表艱苦的努力，y 代表正確的方法……」「Z 代表什麼？」青年迫不及待地問。「代表少說廢話。」愛因斯坦說。

**大智慧：**

古人說得好：無志之人常立志。不能腳踏實地的空想家永遠都不會成功。

## 動情的老歌星

一天，年逾古稀的法國歌星莫里斯．謝瓦利耶，在後臺和喜劇演員菲爾．西爾弗聊天。恰在此時，一群漂亮的女演員，嘰嘰喳喳地從他們身旁走過。謝瓦利耶看著她們，不禁感歎的說：「唉，要是我再老二十歲就好了！」

「你的意思應該是再年輕二十歲吧？」西爾弗問道。

「不，要是我再老二十歲，那麼，這些年輕的女孩就不會使我羨慕了。」謝瓦利耶有感而發地說。

**大智慧：**

如果沒有希望，還不如徹底絕望。沒有了希望，但又覺得心有不甘，也許是最尷尬的事情了。

## 來不及了

幽默作家班奇利，在一篇文章中謙虛地談到他花了十五年時間，才發現自己沒有寫作的才能。

結果一位讀者來信：「你現在改行還來得及。」

班奇利回信說：「親愛的，來不及了。我已無法放棄寫作了，因為我太有名了。」

**大智慧：**

人有時狂妄一下又何嘗不可？適當的狂妄會讓你信心倍增，尤其對那些思想火花四處迸發的人來說更是如此。

## 用得著嗎？

愛迪生對於穿著很不介意。有一天，這位科學家在紐約偶然遇到一位老朋友。「愛迪生先生，」那位朋友說道，「看您身上這件大衣已經破得不像樣了，您應該換一件新的。」「用得著嗎？在紐約又沒有人認識我。」愛迪生毫不在乎地答道。幾年以後，愛迪生在紐約街上又碰見了那個朋友，這位大發明家還是穿著那件破大衣。「哎呀呀，愛迪生，」那位朋友驚叫起來，「您怎麼還是穿這件破大衣？這回，您無論如何要換一件新的了！」「用得著嗎？」愛迪生仍然毫不在乎地回答：「在這裡人人都已經認識我了。」

**大智慧：**

很多事情不是有沒有必要的問題，而是你是否關注的問題。不是自覺所需的東西，你永遠都會覺得沒有必要。

## 看質量

一個牧師詢問一個士兵是否有禱告的習慣。士兵說他有禱告的習慣。

「什麼時候？每頓飯前嗎？」

「那就得看擺出來的飯和菜色如何了。」

**大智慧：**

在真正的信仰面前，你會不由自主地忘記口舌之慾，以及更多在現實裡困擾人的東西。

## 孫女的疑問

「爺爺，」孫女問，「您為什麼要讀聖經呢？」

「為了準備最後一次考試啊，孩子。」

**大智慧：**

如果說《聖經》能幫你通過最後的審判，那是由於信仰對人的成就。

## 藥

早晨，護士走到病人床前詢問病情：

「早安，安德列，夜裡睡得怎麼樣？」

「好極了。這多虧了我在臨睡前，服用了您拿給我的那個顆藥。」

「可是，那顆藥怎麼還擺在你的床頭櫃上呢？」

「是嗎？這不可能。喲！糟了，我剛才發現我的襯衫上少了一個鈕扣……」

**大智慧：**

自欺欺人的「自我暗示法」固不可取，但適當的心理安慰和精神鼓勵，確實能起到比「藥物」更好的效果。

## 暴發戶

一個暴發戶，成了遠近聞名的富豪。一天早晨，他起來看花，卻忽然自言自語的說自己病了。妻子問他得了什麼病，他說：「今天早晨看花時被薔薇花的露水滴傷了，你快去請醫生。」妻子說：「你忘了當年我們一塊打零工時，你在樹林裡被大雨淋了一整夜，也沒病成這個樣子呀！」

**大智慧：**

人會隨著環境和條件的變化而變化，在艱苦的環境下能經受住考驗，意志堅定；身處優渥時卻容易嬌慣出許多壞毛病。

## 窮擺闊

一位窮書生，最怕別人說他窮，平時總是在人前強裝出很闊氣的樣子。一次，一個小偷夜裡到他家裡偷東西，見房子裡空空如也，沒有什麼好偷的東西，就罵著走了。書生躲在暗處見小偷要走，急忙摸出床邊僅有的幾個銅錢，追上去送給小偷，還一再叮囑小偷說：「您這次來，我雖然十分怠慢，可是在別人面前，可千萬要為我美言。」

**大智慧：**

人不分貧富皆平等，與其花時間乞求別人施捨同情，維護可憐的自尊，還不如認真的思考自立自強的方法。

## 初次登臺

美國兩個歌舞演員在對話。

「我初次登臺就得到許多錢，讓妻子開了一間花店。」

「我比你強，我初次登臺，觀眾就送給我一幢房子。」

「我不信！」

「是真的，他們每一個人都丟給了我一塊磚頭。」

**大智慧：**

那些懂得堅持的人就像保了險一樣，無論他們受挫多少回，仍將朝著階梯的巔峰頂端邁進，即使在失意之後，也會再次收拾好自己，捲土重來，繼續努力嘗試。也許，我們應該祝福和相信他們終會登頂。到那時，全世界的人都會喊：「好棒啊！我早就知道你可以辦到的！」

## 弄巧成拙

有個農夫想買一匹馬。賣主走到他跟前說：「我為您準備了一匹最好的馬：今年五歲，體壯如牛，一口氣能跑二十公里。」

「一口氣跑二十公里？不行，這匹馬對我來說不合適。」

「為什麼？」

「從我家裡到市場只有十五公里，這樣一來，每次我得往回步行五公里！」

**大智慧：**

當一種優秀被他人所回絕的時候，不見得就是因為這種優秀不足以稱之為優秀，可能恰恰是拒絕了優秀的那個人，根本不理解這種優秀，而且沒有能力去消受這種優秀。我們很多時候被人拒絕與拋棄的時候，就是這樣的情形。

## 寫作重於生命

美國作家辛克萊在耶魯大學念大四的時候，對名教授羌賽・丁格說：「我這一生最想做的工作是寫作。」

教授對他說：「那你會餓肚子啊！」辛克萊說：「只要我能寫作，我不管肚子餓不餓。」

丁格教授說：「哦，那你會成功。」

**大智慧：**

雖然不贊成拿身體來做賭注，不過成就事業需要的就是這種可以不顧一切，全心投入的勇氣和精神。

## 地獄有石油

一位石油大亨到天堂參加會議，一進會議室發現座無虛席，自己沒地方坐了，他靈機一動大喊一聲：「地獄裡發現石油了。」這一喊不要緊，天堂裡的石油大亨們，立刻紛紛起身向地獄跑去，很快天堂裡就剩下那位最後來的石油大亨了，孤單一人的大亨此時面對空蕩蕩的會議室，心想：大家都跑了過去，莫非地獄裡真的發現石油了。於是，他也急匆匆地向地獄跑去。

**大智慧：**

堅持己見，克服自己的從眾心理並不如想像中那麼容易，但是若想贏得成功，就要堅決戰勝這種不容易，否則很容易變成一棵「牆頭草」

## 安靜的方法

班上正在開班會，同學們七嘴八舌，非常吵。這時，班導師說：「各位同學，現在我們來做個臉部運動，請大家把嘴張成O型。」大家很合作地做著動作，整個教室頓時鴉雀無聲，老師接著說：「根據我多年的經驗，要讓學生馬上由吵鬧變安靜，這是最有效的辦法，屢試不爽。」

**大智慧：**

若事情很難用一般的方法來解決的話，不妨用一個新奇而冠冕堂皇的方法試一試。

## 數到一百再說

某冬日，上課了，伊萬老師背靠教室壁爐站著，對學生們說：「說話前要多考慮，至少要數到五十下才能說，若是重要的話要數到一百下。」

學生們爭先恐後地數起來，最後不約而同地爆發出：「九九、一百，老師您的衣服著火了！」

**大智慧：**

規定限制得太多，便會導致喪失最起碼的活力。因此，話不能說得太死，否則便沒有了轉圜的餘地。

## 多此一舉

一位游泳運動員橫渡英吉利海峽，當他登陸時，許多為他喝彩的人圍住了他。有一個人走上前來，不解地問道：「您難道不知道這兒有渡輪嗎？」

**大智慧：**

在大多數的時候，人們只願意去做公認的有意義的事情，覺得那是理所當然。可是，他們也許不懂得，很多看來不可思議的事情，在我們精神的堅持下，驕傲地成為現實——那就是巨大的意義！

## 誰是總統

高速公路上柯林頓夫婦的汽車拋錨，加油站的工人走上前來，希拉蕊悄悄對柯林頓耳語：「比爾，他是我的初戀情人。」

「幸好你沒嫁給他，不然你就成不了第一夫人了。」

希拉蕊冷靜地回答「不，要是我當年嫁給他，現在他就是總統了。」

**大智慧：**

時刻擁有自信，你將永遠是勝利者。

## 膽小的狩獵者

在非洲叢林。

當地人對從歐洲來狩獵的旅遊者說：

「先生，我在離這兒不遠的北邊發現了老虎的腳印。」

「太好了，謝謝你。我想順便問問你，從這兒往南走的路在哪兒？」

**大智慧：**

只有勇氣才敢和危險迎面對抗，而怯懦只會落荒而逃。

## 笨蛋

甲：「我那一批人工孵化的小雞，到現在還不破殼而出，我等的真得有點不耐煩了！」

乙：「笨蛋！為何不早找老朋友商量？」

甲：「請問有何良策？」

乙：「這還不容易！加添兩倍火力，便可以縮減一半時間。」

**大智慧：**

卡夫卡曾經說過，所有人類的錯誤都是出於沒有耐心，於是就過於匆忙地將按部就班的步驟打亂，用似是而非的樁子，把似是而非的事物圈起來。耐心需要特別的勇氣，對理想和目標全然地投入，需要不屈不撓，堅持到底的精神。

## 收藏在櫃子裡的工作人員

法國著名科學幻想小說家儒勒．凡爾納著作豐富，僅小說就有一百零四部，人們就傳說他有一個「寫作公司」。公司裡有不少作者和科學家，而他只不過是佔有別人的智慧成果罷了。

聽了這個傳說，有個記者特地前去採訪。凡爾納知道他的來意後，便微笑著把他領進了工作室，指著一排排櫃子對他說：「我公司的全部工作人員，都在這些櫃子裡，請你參觀一下吧！」

櫃子裡分門別類地放滿了科技資料卡片。

**大智慧：**

真金不怕火煉，真正付出努力得到結果的人，是不會懼怕任何的懷疑和質問的。

## 遵守諾言

J．科佩是法國著名的詩人，也是法蘭西學院院士。有一次，一位不太出名的作家的妻子跑來找科佩，請他在法蘭西學院，選舉院士時幫她丈夫一次忙，她說：「只要有你的一票，他一定會被選上的。如果他選不上，一定會去尋短見的。」科佩答應了她的要求，投了她丈夫一票，但此人並未選上。

幾個月後，法蘭西學院尚有一個缺額了。那位太太又來找科佩，請他再鼎力相助。

「呵，不，」科佩回答說：「我遵守了自己的諾言，但他卻沒有遵守。因此，我不好再履行義務了。」

**大智慧：**

別人的幫助只能助你一臂之力，但不能決定你的成敗。真正決定你成敗的是你付出的汗水。

| 廣 告 回 信 |
| --- |
| 基隆郵局登記證 |
| 基隆廣字第 57 號 |

新北市汐止區大同路三段一九四號九樓之一

# 大拓文化事業有限公司收

請沿此虛線對折免貼郵票，以膠帶黏貼後寄回，謝謝！